FÉ
INABA
LÁVEL

Rinaldo Seixas

FÉ INABALÁVEL

TUDO O QUE VOCÊ PRECISA SABER PARA NADA TEMER

Thomas Nelson
BRASIL

Rio de Janeiro, 2021

Copyright © 2019 por Rinaldo Seixas.

Todos os direitos desta publicação são reservados por Vida Melhor Editora LTDA. As citações bíblicas são da Almeida Revista e Corrigida (ARC), a menos que seja especificada outra versão da Bíblia Sagrada.

Os pontos de vista desta obra são de total responsabilidade do autor, não referindo necessariamente a posição da Thomas Nelson Brasil, da HarperCollins Christian Publishing ou de sua equipe editorial.

Publisher	*Samuel Coto*
Editores	*André Lodos e Bruna Gomes*
Copidesque	*Patrícia Garcia*
Revisão	*Isabella Schempp*
Diagramação	*Maurelio Barbosa*
Capa	*Rafael Brum*

DADOS INTERNACIONAIS DE CATALOGAÇÃO NA PUBLICAÇÃO (CIP)
ANGÉLICA ILACQUA CRB-8/7057

S464f

Seixas, Rinaldo
  Fé inabalável : tudo o que você precisa saber para nada temer / Rinaldo Seixas. -- Rio de Janeiro : HarperCollins Brasil, 2019.
  256 p.
ISBN 978-85-7167-059-4

1. Fé 2. Vida cristã I. Título

19-1415   CDD 234.23
                                                    CDU 234.2

Thomas Nelson Brasil é uma marca licenciada à Vida Melhor Editora LTDA.

Todos os direitos reservados à Vida Melhor Editora LTDA.
Rua da Quitanda, 86, sala 218 – Centro
Rio de Janeiro – RJ – CEP 20091-005
Tel: (21) 3175-1030
www.thomasnelson.com.br

SUMÁRIO

	Prefácio	7
	Introdução	9
Capítulo 1	Os fundamentos da fé	11
Capítulo 2	Fé e a Palavra de Deus	33
Capítulo 3	O desenvolvimento da fé	51
Capítulo 4	A fé como cultura do Reino	67
Capítulo 5	Fé em tempos de crise	81
Capítulo 6	As provas da fé	105
Capítulo 7	Fé e perseverança	133
Capítulo 8	A recompensa da fé	161
Capítulo 9	Fé e proatividade	201
Capítulo 10	A oração como meio de comunicação da fé	223
Capítulo 11	Fé e vida abundante	243
	Conclusão	253

PREFÁCIO

A Bíblia nos desafia a andar pela fé e aponta o crer como o caminho para a superação. Um dos assuntos mais tratados por Jesus foi a fé e a confiança em Deus em quaisquer circunstâncias, pois ele está no controle e sabe o que é melhor para nós.

Mas o conhecimento superficial sobre o tema provoca interpretações periféricas sobre os conceitos que envolvem a fé. Geralmente, a fé é confundida com otimismo ou pensamento e atitude positivos, mas esse não é exatamente o conceito definido pelas Escrituras. Biblicamente, fé é crer no que não se vê e se convencer de realidades espirituais, a ponto de deixar-se influenciar e viver por elas.

Todos fomos criados com a capacidade de crer e se conectar com o mundo espiritual. No entanto, é essencial escolher onde a fé será canalizada. O humanismo te ensina a crer em você mesmo, mas isso seria cometer o mesmo erro do primeiro homem, que acreditou poder ser o seu próprio deus. As religiões promovem a adoração a ídolos, mas a idolatria é uma tentativa fracassada de materializar o intangível, o invisível, a fé. As pessoas acham mais fácil crer no que se vê, seja em madeira, ferro ou gesso; Jesus, porém, elogiou aqueles que não viram, mas creram. Ele preparou seus seguidores para viverem pela fé.

A fé não é um sentimento, mas uma atitude, um modo de de agir, um estilo de vida. Ela não apenas nos torna pessoas mais otimistas e alegres como também nos fortalece e nos mantém de pé, mesmo quando tudo em nós grita por desistência.

Esta obra estabelece um fundamento sólido, uma plataforma para o desenvolvimento da fé. Por isso, guarde em seu coração os princípios bíblicos aqui destacados e aplique esse conhecimento em seu dia a dia. Agindo assim, sua vida será marcada por superação e seu legado será uma fonte de inspiração para as próximas gerações.

Tenha uma excelente leitura.

RINALDO SEIXAS

INTRODUÇÃO

Você já deve ter passado por muitas situações difíceis na vida, mas algumas possuem uma capacidade ímpar de nos abalar. São esses ventos que sopram com força suficiente para nos desestruturar e desesperar, mudando nosso humor, roubando nossa paz e nos tornando ácidos.

Na tentativa de tentar entender o que está acontecendo, questionamos o porquê das coisas. Esse ímpeto faz parte da natureza humana, mas as perguntas mudam de acordo com a intensidade das tempestades vividas. Nossa mente é atacada por uma série de dúvidas, desde "O que fiz de errado para merecer isso?", ou perguntas mais profundas, como "Por que eu nasci?"

Nessas situações, muitas vezes, nossos relacionamentos interpessoais são afetados. As pessoas passam a nos incomodar e tudo à nossa volta deixa de fazer sentido. Se não estamos bem conosco, não estaremos confortáveis com os outros, por isso que só conseguimos reconhecer o valor das outras pessoas quando entendemos nosso próprio valor.

Em momentos como esses, que inevitavelmente temos de enfrentar, a fé se torna o fundamento pelo qual reconstruiremos o que foi destruído. Quando nos faltam respostas, a fé é o único meio de conexão que podemos construir com o futuro.

A dor, os desafios, o medo, as batalhas, as decepções podem nos descaracterizar, até o ponto de perdermos nossa identidade e autovalor. Nesse lugar, só a fé pode nos reconectar e redefinir nosso destino.

Que este livro possa ajudar você a reconectar-se com a sua verdadeira identidade, a de filho amado de Deus, e te desperte para a grande verdade que o Pai nos ensina em Filipenses 4:13: "Posso todas as coisas naquele que me fortalece."

CAPÍTULO 1

Os fundamentos da fé

> *Ora, a fé é o firme fundamento das coisas que se esperam e a prova das coisas que se não veem.*
>
> **Hebreus 11:1**

A partir do versículo acima, aprendemos que a fé é, antes de tudo, um fundamento, uma base, um referencial. Não uma fundação qualquer, mas uma que é firme e que sustenta as "coisas que se esperam". Ou seja, ela oferece apoio a eventos que ainda não aconteceram, mas nos quais acreditamos. Ela reforça a esperança de que algo que ainda não existe será trazido à existência.

Além disso, essa passagem mostra que a fé também nos oferece uma "prova" de algo que não está ao alcance de nossos olhos. Quando a fé é genuína, nos tornamos capazes de visualizar o que ainda está oculto e de perceber coisas que longe de Deus não somos capazes de identificar. A fé capacita o homem a viver em níveis de esperança e expectativa que são incompreensíveis àquele que ainda não alcançou o verdadeiro caminho.

Desde seus primeiros capítulos, a Bíblia narra situações em que os mais diversos personagens precisaram conhecer e aplicar sua fé. Ao longo de toda a Bíblia Sagrada, vemos Deus conduzir pessoas às experiências mais extremas para ensiná-las a romper do estado em que a fé é apenas racional, para a fé verdadeira, que opera o sobrenatural. E ele opera assim ainda hoje. Em muitas ocasiões, Deus distorce o estado natural das coisas para nos mostrar que a fé desfaz barreiras, traz à tona o que não existe e surpreende até mesmo os mais sábios e poderosos.

Em Jesus, temos o perfeito modelo de fé. Estudando sua vida e obra, somos capazes de formar uma boa imagem do que é uma vida pautada pela fé genuína, capaz de superar qualquer obstáculo, até mesmo reverter a morte. Pelos ensinamentos de Cristo, recebemos palavras preciosas sobre superação e sobre a importância de depositar em Deus toda a nossa confiança.

Para iniciar nossa jornada pelo mundo maravilhoso da fé, analisemos a passagem abaixo, em que Jesus oferece uma bela e profunda lição:

> *E já o dia começava a declinar; então, chegando-se a ele os doze, disseram-lhe: Despede a multidão, para que, indo aos lugares e aldeias em redor, se agasalhem, e achem que comer; porque aqui estamos em lugar deserto. Mas ele lhes disse: Dai-lhes vós de comer. E eles disseram: Não temos senão cinco pães e dois peixes, salvo se nós próprios formos comprar comida para todo este povo. Porquanto estavam ali quase cinco mil homens. (Lucas 9:12-14)*

Jesus já havia ensinado a teoria e a prática aos seus discípulos, mas agora estava instruindo sobre aquilo que todos os chamados a andar pela fé precisam fazer: mostrar o que haviam aprendido, numa oportunidade de romper com seus próprios limites de fé. Observe que eles estavam limitados ao que seus olhos podiam ver (cinco pães e dois peixes), e não ao que Deus era capaz de fazer. Como eles, nós olhamos para o que não temos, e não para o que já possuímos. Por vezes, nosso ponto de partida é a impossibilidade, e não a fé sem limites. Valorizamos o obstáculo, mas não o potencial latente de Deus e as virtudes que ele nos concedeu. Levados pelo medo e pela incredulidade, somos tentados a duvidar do que o Senhor é capaz de realizar. Essa é uma expressão da "fé natural", que denota uma postura comum daquele que a Bíblia chama de "homem natural". Por meio da distinção que o apóstolo Paulo faz entre "homem natural" e "homem espiritual", podemos receber importantes ensinamentos sobre os fundamentos da fé.

Homem natural *versus* homem espiritual

Paulo falou sobre essa fé natural, que só é capaz de crer naquilo que pode ser explicado. É a fé daquele que acredita com a mente, mas não com o coração.

> *Ora, o homem natural não compreende as coisas do Espírito de Deus, porque lhe parecem loucura; e não pode entendê-las, porque elas se discernem espiritualmente. (1Coríntios 2:14)*

Por que as coisas do Espírito parecem loucura para o homem natural? Porque sua fé é fundamentalmente racional. Ela acontece no campo intelectual e termina nos limites da racionalidade humana. Por outro lado, a fé verdadeira é, muitas vezes, ilógica e irracional. Na mente do homem natural, não poderia haver qualquer outra solução que não fosse "vamos comprar comida para todo esse povo". A fé natural faz conta, se alimenta de informações externas, e quando o resultado não bate, quando a conta não fecha, esse tipo de fé trava, se desespera. O homem natural não conhece as armas espirituais, por isso, sua fé é limitada pela razão, e as probabilidades humanas estabelecem o limite de suas ações.

> *Porque as armas da nossa milícia não são carnais, e sim poderosas em Deus, para destruir fortalezas, anulando nós sofismas. (2Coríntios 10:4, ARA)*

É interessante a maneira como Paulo coloca o funcionamento das armas espirituais: ele diz que elas são capazes de destruir nós sofismas. Os sofismas são argumentos ou raciocínios que parecem corretos, mas sua estrutura é inconsistente, incorreta e deliberadamente enganosa. É uma mentira maquiada propositalmente com argumentos verdadeiros. Sofismas são, portanto, informações contrárias à fé e possuem o terrível poder de construir fortalezas.

Muitas pessoas vivem aprisionadas a essas estruturas. Amam a Deus, gostam de escutar o evangelho, mas não conseguem acreditar, pois sua mente está formatada por outros conceitos e tradições. Elas leram tanta filosofia e se alimentaram de tantas fontes diferentes, tirando de cada religião um pouco do que lhe convém, que misturam várias doutrinas e premissas, criando em suas mentes as suas religiões pessoais.

Podemos entender sofismas, também, como uma reunião de conceitos incompatíveis. Há pessoas que se apresentam, ao mesmo tempo, como católicas e espíritas. Não faz sentido! O catolicismo prega que Jesus pagou o preço dos nossos pecados na cruz do Calvário; o espiritismo, por outro lado, ensina a doutrina do karma, em que a pessoa paga o preço por seus próprios erros. Assim, são construídas fortalezas mentais que impedem que a pessoa conheça e viva a fé genuína.

Como sabemos, os olhos são as janelas da alma, ou seja, o que você lê e escuta influencia sua alma e forma seu sistema de crenças. Se você passa a vida lendo *O Evangelho Segundo o Espiritismo*, será difícil aceitar o Evangelho de Jesus.

Um detalhe importante é que a maior parte dos sofismas se forma em momentos de dor e aflição. Certa vez, meu filho, entrando na pré-adolescência, chegou em casa chorando. Quando perguntei o que foi, ele disse: "Não consigo tirar ela da minha cabeça!" Eu pensei: "Ela quem?" Ele tinha 11 anos! Só podia ser a música do guaraná Dolly... Mas não: era uma menina também de 11 anos que ele gostava desde o primeiro ano. O melhor amigo dele havia pedido ela em namoro. Quando percebi que ele estava sofrendo de verdade com sua primeira decepção amorosa, tentei quebrar o gelo e usar um pouco de humor. Contei que no meu tempo, quando os garotos sofriam assim, se trancavam no quarto e colocavam um disco de vinil do Roberto Carlos na vitrola e ficavam ali até passar a "fossa". Achei que ele iria rir comigo e esquecer aquela história, mas sua dor era tanta que quando entrei no quarto ele estava no Google digitando "Roberto Carlos".

Essas e outras experiências me mostraram que quanto maior o desespero, mais aberto o ser humano está para experimentar qualquer remédio que lhe traga alívio. Muitos ouviram que todos os caminhos levam a Deus e fizeram desse sofisma sua convicção pessoal. Para essas pessoas, a verdade absoluta do evangelho sobre Jesus ser o único mediador entre Deus e os homens será rejeitada.

Se você acredita num Deus do ontem e do amanhã, nunca verá seu poder hoje. Se você acredita num Jesus que veio ao mundo, morreu, ressuscitou e um dia voltará, você concebe um Cristo que foi e que será, mas não um que é. É como se ele não estivesse aqui conosco no presente. Pessoas que pensam assim são freadas pelas impossibilidades humanas. Não se arriscam, pois o medo da frustração é maior do que sua vontade de vencer e avançar.

Esse é o triste retrato do homem natural, que ignora as coisas espirituais e fica imobilizado, escravo da razão e do medo. O homem espiritual, porém, não é assim, pois ele tem a mente de Cristo (1Coríntios 2:15,16). Suas possibilidades são infinitas, pois os limites humanos não definem tudo aquilo que ele é capaz de realizar.

A mente controlada pelo Espírito não depende de coisas externas, pois enxerga e concebe apenas o poder ilimitado de um Deus criador. O homem espiritual não impõe a si mesmo limites naturais, pois ele entendeu profundamente o ensino de Paulo, quando disse: "Posso todas as coisas naquele que me fortalece" (Filipenses 4:13). Quando a fé é depositada em Deus, tudo se torna possível, pois não há limites para a ação e o infinito poder do Senhor.

Fé como um grão de mostarda

Uma das melhores referências bíblicas para ilustrar o desenvolvimento da fé está numa passagem em que Jesus identifica a fragilidade e inconstância da fé de seus discípulos e os desafia a crescer.

> *Pois em verdade vos digo que, se tiverdes fé como um grão de mostarda, direis a este monte: Passa daqui*

para acolá, e ele passará. Nada vos será impossível.
(Mateus 17:20, ARA)

Nessa ocasião, a fé dos seguidores de Jesus ainda era muito pequena, pois eles ainda estavam aprisionados nas fortalezas da razão humana, limitados pelas possibilidades naturais. Sua fé, aqui, era menor do que um grão de mostarda.

Minha pergunta é: quando lemos essas afirmações de Jesus, estamos, de fato, firmemente convictos de que nossa fé é capaz de transportar montes? Ao escutarem isso, muitos são automaticamente vencidos pelo pensamento natural, imaginando: "Isso não é possível pelas leis da natureza e da física". Se você pensa assim, sua fé é natural.

Para entendermos a profundidade desse ensino de Jesus, precisamos entender melhor o que é o grão de mostarda. Em Marcos 4:31, ele é chamado de "a menor de todas as sementes sobre a terra". Um grão de mostarda tem um diâmetro que gira em torno de 1 milímetro. Essa semente é tão pequena que quase não pode ser vista a olho nu, precisa ser observada com uma lente para ser vista com nitidez. Porém, no espaço de 1 ano, é capaz de se transformar num grande arbusto, numa pequena árvore com galhos que atingem cerca de 3 metros.

Assim, entendemos que a fé precisa se desenvolver, e não que Deus espera de nós uma fé pequena, porque isso iria na contramão de tudo o que Jesus nos ensinou. Não poucas vezes, como vimos nas Escrituras, a pouca fé dos discípulos foi para o Senhor um motivo de frustração.

A fé é como uma semente: nasce pequena, mas quando é regada e alimentada, começa a crescer, e, no futuro, produzirá muitos frutos. Ao fazer essa comparação, Jesus nos ensina que a fé precisa se desenvolver.

A fé precisa crescer

Os cenários de impossibilidade constroem o palco para a manifestação do poder de Deus. As situações de risco iminente são perfeitas para levar nossa racionalidade humana ao extremo, fazendo com que a fé passe a brotar quando a razão já não encontra mais espaço. Por mais difíceis que sejam, são esses momentos em que o ilógico passa a reinar sobre o raciocínio e que a alma começa a se abrir ao agir do Senhor. Isso aconteceu quando Moisés conduziu o povo para fora do Egito.

Naquela ocasião, houve um momento em que o povo de Deus ficou sem saída, encurralado pelos soldados egípcios. De um lado, havia o deserto; do outro, montanhas; na frente, o mar Vermelho; e atrás, Faraó e seus exércitos. Se não fosse daquele jeito, Deus não seria conhecido pelos povos por seu poder quando abriu o mar e concedeu grande livramento a seu povo escolhido. A situação extrema fez não somente com que os judeus descobrissem os fundamentos da fé, mas também que o nome do Senhor se tornasse conhecido e temido por toda a terra.

Em um outro momento, o povo estava sedento em meio ao grande deserto. Eles chegaram a um local chamado Mara, mas não puderam beber de suas águas porque eram muito amargas. Todos murmuraram, reclamando da sede e do gosto da água dos mananciais; menos Moisés, pois ele sabia que aquela era mais uma oportunidade de Deus revelar sua glória.

A mente de Moisés havia mudado. As situações extremas que vivenciou transformaram sua mentalidade e o ensinaram a depositar toda a sua fé em Deus. Assim também ocorre conosco. A cada experiência sobrenatural, o nível de fé e confiança aumenta, a ponto de vermos cada impossibilidade como uma chance de aumentar nossa fé e de ver a manifestação da glória de Deus. Por isso, precisamos entender que o fundamento da fé está em não olharmos para as circunstâncias humanas, mas para as possibilidades divinas.

Voltando ao relato dos cinco pães e dois peixes, observamos que os discípulos elaboraram um plano humano, que se limitava a seguir as possibilidades lógicas. Para alimentar os milhares de ouvintes, os discípulos apresentaram um projeto com logística e planejamento, que considerava todas as variáveis (Mateus 14:15).

Jesus, ao contrário, não considerou alternativas naturais, mas viu ali uma oportunidade perfeita para demonstrar os fundamentos da fé sobrenatural. Ele procurou dentre os homens o tal grão de mostarda, mas só foi encontrá-lo num rapaz que, como está escrito em João 6:9, tinha "cinco pães de cevada e dois peixinhos".

E o que Jesus fez com isso?

> *E, tomando os cinco pães e os dois peixes e olhando para o céu, abençoou-os, e partiu-os, e deu-os aos seus discípulos para os porem diante da multidão. E comeram todos e saciaram-se; e levantaram, do que lhes sobejou, doze cestos de pedaços. (Lucas 9:16,17)*

Foi dessa forma que, com apenas cinco pães de cevada e dois peixinhos, Jesus alimentou 5 mil homens, além das suas mulheres e crianças. As limitações humanas foram derrotadas, a lógica caiu por terra e a semente da fé sobrenatural brotou no coração de todas aquelas pessoas. Paradigmas foram quebrados, e o agir de Deus prevaleceu.

Testes e provações são a forma pela qual a fé se desenvolve

Até aqui aprendemos que os testes desenvolvem a fé, fazendo-a crescer como o pequeno grão de mostarda, que se torna uma árvore grande e frondosa. As provações são como insumos que nutrem a fé, deixando seus fundamentos cada vez mais sólidos.

Os testes são a forma pela qual a fé se desenvolve. Há momentos em que os fundamentos da fé precisam se transformar em ações e medidas práticas. Chegará a hora em que a fé será testada por meio de provas práticas em circunstâncias reais dessa vida.

Pratique a fé. Mude diagnósticos. Use o poder sobrenatural que está sobre você e à sua disposição. Transforme culturas. Faça o que nunca foi feito. Mude a história da sua família, da sua geração e, até mesmo, da sua nação. Realize os sonhos do coração de Deus. Não perca a motivação diante dos obstáculos. Não olhe para a grandeza dos montes que estão à sua frente, mas os mova pela fé.

Fé gera ação

A fé provoca movimento. Ela nos tira do lugar comum de paralisia e comodismo. Uma pessoa que diz confiar que Deus cuidará dela, mas não faz nada para se preparar para o futuro, não possui fé, possui presunção, pois a fé é a esperança segura que conduz à ação. Além disso, a Bíblia nos ensina que a fé sem as obras é morta (Tiago 2:26).

Há pessoas que creem que seu ministério vai mudar o mundo, mas ainda não conseguiram mudar a própria vida. Não leem a Bíblia, não estudam, não oram e nem se envolvem em ministério da forma como deveriam. Não se preparam, não pagam o preço, e depois de vinte anos ainda pregam o mesmo discurso. O resultado é que nada terá sido feito. A fé fundamentada, pelo contrário, ensina o homem a fazer sua parte humana e também a espiritual. Ela traz a necessidade de crer e agir, de fazermos a nossa parte.

Comecei a surfar com quinze anos. Desde então, escuto discussões sobre quem seria o primeiro campeão mundial de surf brasileiro. Em 2014, todos nós acompanhamos um menino de Maresias fazer o que ainda não havia sido feito. Estou falando do Gabriel Medina. O título mundial conquistado por ele não veio por acaso, mas foi o resultado de uma combinação de fatores. Entre tantos, o mais importante foi o equilíbrio entre a fé e trabalho. Sua mãe o ensinou a crer e a declarar "ninguém é maior que Deus". Com essa informação, qualquer obstáculo espiritual, psicológico ou cultural seria dissipado. O pai inculcou em sua mente que "é necessário treinar e trabalhar". Isso revela uma fé fundamentada. Ao mesmo tempo em que a pessoa deposita a fé em Deus, ela trabalha para que os resultados sejam os mais excelentes possíveis.

O princípio da fé

O princípio da fé é simples: "Não se pode tomar posse daquilo em que não se acredita". Mateus narra uma história que ilustra bem esse conceito.

> *E, partindo Jesus dali, seguiram-no dois cegos, clamando e dizendo: Tem compaixão de nós, Filho de Davi. E, quando chegou à casa, os cegos se aproximaram dele;*

> *e Jesus disse-lhes: Credes vós que eu possa fazer isto? Disseram-lhe eles: Sim, Senhor. Tocou, então, os olhos deles, dizendo: Seja-vos feito segundo a vossa fé. E os olhos se lhes abriram. (Mateus 9:27-30)*

Quando os dois homens vieram até Jesus, a fim de recuperarem sua visão, Jesus não lhes fez nenhuma interrogação dogmática. Ele não quis saber quantas orações já haviam feito, ou quanto de dinheiro ofertaram no Templo. Jesus apenas fez uma pergunta simples e nada religiosa: "Credes vós que eu possa fazer isto?". Ou seja, Cristo queria saber o seguinte: "Vocês são capazes de pagar o preço da fé para recuperar sua visão?"

Lembre-se que a fé fundamentada precisa ser colocada em prática. Os dois cegos buscavam um benefício divino (a cura de sua enfermidade), mas precisavam estar de posse de uma fé genuína. A mensagem de Jesus, na verdade, era simples: "Querem recuperar sua visão? Mostrem-me sua fé". E como os homens disseram: "Aqui está, Senhor, nós cremos", a vista lhes foi restaurada.

Desde o início, os dois cegos deram sinais de que sua fé era genuína e fundamentada, e podemos perceber isso pela maneira como se dirigiram a Jesus. Primeiro, chamaram-no de *Filho de Davi*, reconhecendo que Cristo era rei porque descendia da linhagem do famoso rei de Israel.

Além disso, os cegos também chamaram Cristo de *Senhor*, que significa "dono", "proprietário". Ao usar tal título, identificaram Jesus como, de fato, o rei e dono legítimo de tudo, inclusive deles mesmos. Fazendo isso, aqueles homens, na verdade, disseram: "Você é nosso dono, e somos cegos. Você é o comandante do reino e, por isso, é responsável por nós". Ou seja, os dois se achegaram a Jesus como cidadãos do reino, ativando sua fé.

Algumas pessoas procuram Deus com seus pedidos, mas não querem que o Senhor seja dono delas. São pessoas altivas e arrogantes, que fazem orações do tipo: "Abençoe-me, Senhor, mas não se meta na minha vida. Não interfira em meus relacionamentos. Não se envolva nos meus negócios". E Deus responde: "Espere aí. Quem você pensa que eu sou?".

Essa é uma pergunta crítica. Quem é Deus para você? Um mero provedor celestial, de quem obtemos alguns benefícios? Entenda que Deus é o Rei, o Criador soberano e Senhor de tudo.

A pergunta de Cristo aos cegos é contundente: "Crede vós que eu possa fazer isto?". Havia outra pergunta silenciosa e implícita: "O quanto vocês realmente querem isso? Estão dispostos a pagar o preço?". A medida que recebemos do Reino de Deus é determinada proporcionalmente pelo grau de nossa fé. Isso significa que quanto mais exercitarmos a fé, mais completa será nossa experiência no Reino de Deus. Se perdermos a fé, não receberemos nada do Reino.

Os inimigos da fé

Por que sofremos tantos ataques contra a nossa fé? Por que muitas vezes se torna tão difícil crer? A resposta é que o esforço das trevas tem um único propósito: roubar sua fé. O diabo sabe que, se roubar sua confiança em Deus, você estará falido espiritualmente. Nessa implacável e sistemática campanha pela destruição da fé, seu coração se transforma em alvo de dardos inflamados.

> *Tomando, sobretudo, o escudo da fé, com o qual podereis apagar todos os dardos inflamados do maligno.*
> *(Efésios 6:16)*

O que temos aqui é uma verdadeira batalha que ocorre na mente. Nela, acontece a decisão sobre em quem iremos acreditar, lembrando que os dardos inflamados são pensamentos de dúvida e medo, por isso o temor é o oposto da fé. Se houver receio, não haverá confiança.

E de onde vem este medo? O medo nasce quando escolhemos crenças erradas, mas se cremos que há um Deus que nos ama, e que fazemos parte de um Reino cujo monarca tem o melhor para nós, não temos o que temer. Independente da circunstância, é preciso apenas confiar.

Se concebemos um Deus poderoso, criador dos céus e da terra, nem 5 mil pessoas diante de cinco pães e dois peixes serão capazes de nos intimidar. Escolhemos crer que não há impossíveis para Deus e, assim, aprendemos que não há nada mais importante do que acreditar nas coisas certas. O medo nasce quando assimilamos a informação errada. Temos dois caminhos a seguir: ou cremos nos ensinamentos da Bíblia ou nas mentiras contadas pelo inimigo.

A Bíblia fala sobre três céus. O primeiro céu é onde estamos; no segundo habitam os anjos e demônios; e no terceiro, está Deus em seu trono. Há uma rede de comunicação satânica que polui, todos os dias, os ares espirituais do segundo céu com informações de morte e destruição, gerando instabilidade, insegurança e medo. Somente por meio da fé fundamentada somos capazes de romper o segundo céu e entrar na presença de Deus, de onde extraímos informações de vida, cura e salvação.

Pode não parecer, mas a fé não é algo complexo. Quando analisamos os ensinos de Jesus e a maneira como ele explica o assunto, entendemos que há uma simplicidade inerente à fé genuína.

É muito mais simples do que parece. Considere a simplicidade da declaração de Jesus em Mateus 21:22: "E tudo o que pedirdes na oração, crendo, o recebereis". O que poderia ser mais descomplicado? É direto e preciso. A única exigência é a fé. Se você acredita, se exercita a fé genuína, nem mesmo todos os poderes das trevas poderão detê-lo.

A fé é simples, pois consiste na maneira como reagimos às adversidades. Trata-se de uma decisão: reagir pelos critérios humanos ou com base em parâmetros espirituais. Não temos controle sobre quando, onde e de que forma as provações chegam a nós, mas podemos controlar o modo como iremos reagir diante dos infortúnios da vida.

Em qualquer situação, há sempre duas escolhas: confiança e fé, ou medo e dúvida. Na dúvida, tenha fé. Quando não souber o que fazer, creia em Deus. No momento em que nada fizer sentido, confie no Senhor.

O mundo nos ensina que devemos confiar em nós mesmos. Jesus, porém, nos instrui a não confiarmos nas situações, nas pessoas, nem nas bênçãos espirituais, mas no próprio Deus. Isso porque pessoas nos desapontam. Sistemas falham. Você tem limites. Então, o que fazer? Simples: coloque sua fé em Deus. Seu Reino nunca cairá. O Senhor é firme, estável e eterno.

As bênçãos nem sempre chegam quando queremos, as curas não ocorrem na hora em que desejamos, as adversidades quase nunca são resolvidas de forma rápida e da maneira que gostaríamos. Deus, porém, usa todas essas situações para testar nossa fé. É como se ele perguntasse: "Você confia em mim de qualquer jeito, mesmo que não consiga o que anseia? Ainda assim continuará crendo?" Ele quer ver nossa fé entrar em ação.

As coisas que o Senhor deseja realizar em sua vida não podem ser feitas sem confiança. Ele testará sua fé para provar se ela é fundamentada e verdadeira.

São cinco mil pessoas, dois peixes e cinco pães. Não faça cálculos. Use sua fé. Não há impossíveis ao que crê. Tudo é possível para Deus.

Sonhar é mais fácil do que realizar, mas Deus nos chamou para concretizar seus sonhos. Tudo é possível, desde que a pessoa se entregue a uma ideia de tal forma que esteja disposta a perder sua vida por ela.

Tudo é possível ao que crê

> *Tudo quanto em oração pedirdes, crede que recebestes, e será assim convosco. (Marcos 11:23)*

A palavra-chave dessa passagem é "desejar". Significa "suspirar por algo a preço de perder tudo". Precisamos orientar todos os nossos pensamentos para a palavra de Deus. Nossa mente deve estar completamente sintonizada com a do Criador.

Tudo começa com um pensamento, que é como uma palavra silenciosa. Por isso, uma palavra é um pensamento exposto e todas as coisas se iniciam no pensar.

Por outro lado, as ideias são pensamentos que passaram para a realidade, mas são inconstantes, pois mudam a todo o momento. Porém, caso se transforme em imaginação, torna-se um plano. Não é um projeto escrito ou desenhado, mas uma concepção mental.

A imaginação é, portanto, um plano que não está documentado. É uma exposição de nossos pensamentos e ideias. Deus é capaz de fazer "infinitamente mais do que pensamos ou imaginamos" (Efésios 3:20). Ele nos desafia a usarmos nossa imaginação.

Se alguém deseja manifestar a glória de Deus em sua vida, precisa transformar suas ideias em imaginação. É necessário colocar no papel, para que se tornem um projeto.

Sonhador, visionário ou missionário?

Geralmente, pessoas que chegam ao estágio da imaginação falam muito, mas não realizam nada: são os chamados *sonhadores*. Quando alguém coloca sua imaginação no papel, se torna *visionário*. Agora, se transformam esse plano na razão de suas vidas, tornam-se *missionários*.

Os visionários enxergam grandes coisas em suas mentes; recebem visões, mas nunca as transformam em missão. Passam suas vidas alimentando a alma com sonhos e imaginação, mas suas realidades não serão afetadas por esses sonhos. Porém, quando um visionário se torna missionário, surge um homem que pode mudar o mundo.

Se uma pessoa documenta sua imaginação, ela desenvolveu um plano de ação, mas alguém que está enfrentando problemas reais provavelmente não tem um pedaço de papel com seus planos documentados e nem com planos para os próximos cinco anos. Quem está desiludido, frustrado, sem direção e confuso não sabe o que está acontecendo em sua vida. Vive apenas por inércia, sem um plano documentado e concreto para guiar suas ações.

Essas pessoas lidam com os mesmos assuntos, hábitos e lutas há anos. Andam um passo para frente e dois para trás. Quando as coisas ficam difíceis, começam a se lembrar do passado e voltam para os antigos hábitos que haviam superado.

Esse cenário mostra claramente que se não houver uma visão, não há ponto de partida, não há recomeço. Corre-se o risco de ser arrastado de volta para o lugar tenebroso de onde saiu. Se sua imaginação não estiver documentada, logo irá se transformar em vapor e desilusão.

Para progredir é preciso ter um plano de ação. É preciso parar e se organizar, estabelecer a rota, imaginar o futuro, colocar num quadro o que fará nos próximos meses e anos, e começar, sem medo, a imaginar o que deseja realizar, aonde pretende chegar ou a quem quer influenciar.

Monte o plano e o coloque num lugar conveniente, para que possa verificar seu progresso, analisar se está próximo dos objetivos. Assim, você será capaz de identificar o poder de Deus agindo, e isso trará motivação.

Não se preocupe com como irá alcançar seus objetivos, pois isso cabe a Deus. Esse é o motivo pelo qual a mente racional entra em conflito com a fé. A razão quer o *como*, a fé tem o *onde*. É enquanto você sonha, pensa, imagina e planeja que começará a entender o motivo pelo qual Jesus o criou: para revelar sua glória.

As pessoas que transformam o mundo são aquelas que retiram a palavra "impossível" do seu dicionário. O apóstolo Paulo afirmou: "Posso todas as coisas naquele que me fortalece" (Filipenses 4:13). Nesse versículo, o termo grego para "fortalece" não significa que somos fracos e que Deus chega e nos apoia. O sentido é, literalmente, "despejar habilidade", mas não aquela que vem esporadicamente, e sim uma capacitação contínua que é depositada em nós quando estamos ligados em Cristo.

Deus colocou em nós a capacidade para realizarmos tudo aquilo que ele nos pede; então, quando Jesus ordena que amemos nossos inimigos, não comece a apresentar os obstáculos e dificuldades, pois a capacidade de amar foi colocada dentro de nós por ele. portanto, não há desculpas.

Deus não pediria algo que não estivesse disponível a nós. Ele nos capacitou para fazermos tudo aquilo que exige. Sempre que o Senhor nos confere uma responsabilidade, também nos fortalece com as qualidades necessárias para realizá-la. Em outras palavras, Jesus entrega a missão e concede os meios.

Usar a capacidade que Deus depositou só depende de nós. A qualidade de nosso trabalho não está sujeita ao quanto fazemos, mas à quantidade do poder disponível que decidimos utilizar. Se o que realizamos está aquém de nossa capacidade, não estamos trabalhando o suficiente com o poder de Deus.

Não importa se nunca foi feito, se Deus entregou a semente, plante-a. Visualize-se fazendo alguma em sua mente. Transforme seu pensamento numa ideia, e esta numa imaginação.

Pegue essa imaginação e a documente num plano. Depois, trabalhe para realizá-la. Você nasceu para glorificar a Deus, e deve manifestar a glória do Pai. Apresente o Senhor ao mundo por meio de suas obras.

Essa é a identidade do cristão: pela fé, somos chamados a anunciar a glória do Senhor ao mundo, que está ansiando ardentemente pela revelação dos filhos de Deus.

Fé e a Palavra de Deus

*Eis que o meu povo está sendo
arruinado porque lhe falta
conhecimento da Palavra.*

Oseias 4:6, KJA

A Bíblia contém o poder da palavra de Deus, e esse poder é liberado pela fé naquilo que está escrito. Quando cremos, chamamos a influência do sobrenatural no natural, do mundo espiritual no mundo físico.

Quando oramos em nome de Jesus, chamamos a atenção de Deus e de seus anjos, e há respostas no céus para nossa fé aqui na terra.

Somos transformados pela ação de Deus. Seu poder muda a história de quem se volta a ele e descobre o poder de sua palavra. Contudo, também é correto dizer que há muitas pessoas hoje que, apesar de seu amor por Deus, se encontrão em um lugar difícil de se estar, pois, apesar de sua fé:

- não há mudanças, não há respostas, as águas não se movem;

- elas lutam com uma secreta sensação de abandono;
- elas estão num constante esforço para não se deprimir e se entregar;
- elas, por dentro, se sentem fracassadas, embora aparentem o contrário;
- elas estão incompletas e infelizes, mas não admitem porque se sentiriam culpadas se fizessem isso;
- elas se sentem expostas, pois seus problemas se tornaram conhecidos de muitas pessoas e isso lhes deixariam envergonhadas;
- há um sentimento crescente, que precisa ser identificado, de ceticismo, cinismo, dureza de coração e automatismo, principalmente em relação a Deus e ao seu chamado.

Oseias 4:6 diz que o povo sofre por falta de conhecimento da Palavra. Precisamos nos agarrar às verdades da Bíblia, por mais difícil que seja, e aplicarmos seus ensinamentos em nossas vidas, acreditando neles de todo coração. Do contrário, a vida se tornará uma melodia triste de ser cantada.

É na Bíblia que podemos conhecer a Deus, o seu caráter e seu plano para a humanidade. É somente nela que encontramos tudo que ele quer que saibamos sobre passado e futuro, e onde descobrimos sua vontade para nossas vidas. O que a fé pede é concordância com a vontade de Deus e que alinhementos nossos passos aos dele.

Deus quer que usemos seu poder no mundo; porém, para que isso ocorra, precisamos entender como nos apropriar de sua Palavra, pois sem ela, nossa fé não tem fundamento. A Palavra de Deus já nos foi dada. Nosso trabalho é aprender a manejá-la com propriedade, assim como Paulo cita em 2Timóteo 2:15:

> *Procura apresentar-te a Deus aprovado, como obreiro que não tem de que se envergonhar, que maneja bem a palavra da verdade.*

A expressão "que maneja bem", usada na passagem, é tirada dos sacrifícios do Antigo Testamento e significa "cortar direito". Quando o ofertante trazia um cordeiro ou outro sacrifício qualquer, ele era dividido em três partes (exceto no caso da oferta queimada, que era posta inteira sobre o altar). Uma parte era oferecida a Deus, outra era oferecida àquele que trouxera a oferta, e a última cabia ao sacerdote.

É dessa prática que foi emprestada a expressão "que maneja bem". Significa simplesmente ser profundo conhecedor da Palavra e saber fazer bom uso dela. Só poderemos usar a Palavra de Deus corretamente quando entendermos o que ela é e como deve ser aplicada.

Deus e sua Palavra

Antes de tudo, precisamos entender quem é o próprio Deus que está falando em sua Palavra, porque a Palavra é quem ele é (João 1:1). Quando declaramos sua Palavra com fé, a presença de Deus se torna parte de nossas orações.

Soma-se a isso o fato que a Palavra revela a natureza de Deus — e sua natureza reflete sua vontade.

Tudo o que Deus diz é a revelação do seu caráter e dos seus propósitos. Ele e sua Palavra não podem estar separados, e, por isso, o cumprimento da sua Palavra é um assunto de integridade pessoal para ele.

Nossa questão é: como responderemos ao que a Palavra revela sobre o caráter de Deus em Neemias 23:19? Cremos que Deus é digno de honra e que manterá sua Palavra?

Além de sabermos que "Deus não é homem, para que minta; nem filho de homem, para que se arrependa", temos, ainda, outra razão para crer:

> *Tendo vós recebido a palavra que de nós ouvistes, que é de Deus, acolhestes não como palavra de homens, e sim como, em verdade é, a palavra de Deus, a qual, com efeito, está operando eficazmente em vós, os que credes. (1Tessalonicenses 2:13, ARA)*

Quando acreditamos em alguém, mostramos confiança em sua palavra e no seu caráter. No entanto, se não acreditarmos nessa pessoa, demonstraremos que não confiamos nela. O mesmo se aplica ao relacionamento com Deus. O que você demonstra sobre sua fé?

Se Deus promete uma coisa, mas você não acredita que irá acontecer, você está dizendo: "Deus, não tenho confiança em ti". Você pode até pensar que jamais diria isso para Deus, mas, na verdade, você pode estar lhe dizendo isso o tempo todo ao não crer na Palavra dele.

Sua fé evidencia sua confiança em Deus. Ele se convence e se move quando você prova sua fé pelas suas ações. Fé é confiança em ação.

A Palavra é viva

A Palavra de Deus não é apenas o registro de fatos e conhecimentos, ela é a própria vida.

FÉ E A PALAVRA DE DEUS

> *Disse-lhes: Aplicai o coração a todas as palavras que, hoje, testifico entre vós, para que ordeneis a vossos filhos que cuidem de cumprir todas as palavras desta lei. Porque esta palavra não é para vós outros coisa vã; antes, é a vossa vida. (Deuteronômio 32:46,47, ARA)*

> *O espírito é o que vivifica; a carne para nada aproveita; as palavras que eu vos disse são espírito e são vida. (João 6:63, ARA)*

> *Pois fostes regenerados não de semente corruptível, mas de incorruptível, mediante a Palavra de Deus, a qual vive e é permanente. Pois toda carne é como a erva, e toda a sua glória, como a flor da erva; seca-se a erva, e cai sua flor; a palavra do Senhor, porém, permanece eternamente. Ora, esta é a palavra que vos foi evangelizada. (1Pedro 1:23-25, ARA)*

> *Porque a Palavra de Deus é viva, e eficaz, e mais cortante do que qualquer espada de dois gumes, e penetra até o ponto de dividir a alma e espírito, juntas e medulas, e é apta para discernir os pensamentos e propósitos do coração. (Hebreus 4:12, ARA)*

A Palavra é viva — esse é seu grande poder! O que Deus usou para criar o mundo?

> *No princípio, era o Verbo, e o Verbo estava com Deus, e o Verbo era Deus. Ele estava no princípio com*

Deus. Todas as coisas foram feitas por ele, e sem ele nada do que foi feito se fez. (João 1:1-3)

O que Deus deu a Abraão que fez com que ele cresse?

Prostrou-se Abrão, rosto em terra, e Deus lhe falou: Quanto a mim, será contigo minha aliança; serás pai de numerosas nações. (Gênesis 17:3,4, ARA)

O que Deus deu a Moisés que o fez bem-sucedido?

Vendo o SENHOR que ele se voltava para ver, Deus, do meio da sarça, o chamou e disse: Moisés! Moisés! Ele respondeu: Eis-me aqui! (Êxodo 3:4)

O que Deus deu a Ezequiel para fazê-lo um poderoso profeta? Por 50 vezes o profeta relata em seu livro:

Veio a mim a palavra do SENHOR, dizendo... (Ezequiel 3:16)

O que Deus enviou ao mundo para redimi-lo?

E o Verbo se fez carne e habitou entre nós, cheio de graça e de verdade, e vimos a sua glória, como a glória do Unigênito do Pai. (João 1:14)

O que Jesus deu aos seus discípulos para salvação e santificação?

Na verdade, na verdade vos digo que quem ouve a minha palavra e crê naquele que me enviou tem

> *a vida eterna e não entrará em condenação mas passou da morte para a vida. (João 5:24)*
>
> *Vós já estais limpos pela palavra que vos tenho falado. (João 15:3)*
>
> *Santifica-os na verdade; a tua palavra é a verdade. (João 17:17)*

O que os discípulos usaram para dar continuidade ao ministério de Jesus na Terra?

> *Agora, pois, é Senhor, olha para as suas ameaças e concede aos teus servos que falem com toda a ousadia a tua palavra [...] Tendo eles orado, tremeu o lugar em que estavam reunidos; e todos ficaram cheios do Espírito Santo e anunciavam com ousadia a palavra de Deus. (Atos 4:29,31)*

Todos esses versículos nos mostram que a Palavra é viva e age em nosso favor. Provavelmente, ninguém citou as Escrituras mais do que Jesus Cristo.

Ao ser tentado pelo diabo no deserto, ele, a cada nova investida de Satanás, apresentava a Palavra de Deus, dizendo: "Está escrito" (Mateus 4:4,7,10). Jesus estava tão familiarizado com a Palavra que não foi enganado pela distorção que o inimigo fazia dela; por isso, quando ele falava a Palavra com fé, Deus a cumpria e Cristo vencia a tentação.

Jesus citou somente a Palavra. E nós, o que fazemos quando somos tentados? A Palavra de Deus diz:

Assim será a palavra que sair da minha boca; ela não voltará para mim vazia; antes, fará o que me apraz e prosperará naquilo para que a enviei. (Isaías 55:11)

Se a Igreja acreditasse nessa mensagem, poderia abalar o mundo. Nenhuma Palavra de Deus é sem poder, pois, para ele, tudo é possível (Marcos 10:27).

A condição para liberar o poder da Palavra

Se permanecerdes em mim...

Jesus disse: "Se permanecerdes em mim, e as minhas palavras permanecerem em vós, pedireis o que quiserdes, e vos será feito" (João 15:7, ARA).

Quando olhamos para este versículo, costumamos focar na parte do *vos será feito* e acabamos nos esquecendo da primeira palavra do verso, que é a chave para o sucesso: *se*. Há duas condições aqui: "*Se* permanecerdes em mim" e "*se* minhas palavras permanecerem em vós". Embora o versículo diga que tudo o que pedirmos será feito, precisamos nos lembrar que se quisermos que a Palavra opere poderosamente em nossas vidas, temos de nos certificar de que ela está em nós. Mas o que significa permanecer em Jesus? Permanecemos em Cristo quando estamos em constante fluência e comunhão espiritual com ele, buscando-o em espírito e em verdade através da oração e do louvor.

Se as minhas palavras permanecerem em vós

Qual a primeira coisa que sai da sua boca quando você está sob pressão? Um palavrão? Uma palavra de maldição, de ódio contra alguém? É uma afirmação de fé ou de medo, confusão, frustração, dúvida, ira? Sabemos que a Palavra está verdadeiramente em nós quando ela direciona nossos pensamentos e nossas ações.

Não podemos ter a Palavra em nós se ela for mantida na estante. Não podemos tê-la no espírito se a colocarmos na cabeceira da cama ou em um *app* no celular na esperança de absorvê-la por osmose. Não é possível ter a Palavra dentro de nós somente ouvindo as mensagens do culto. A pregação somente agita a fé, mas para que a tenhamos dentro de nós é preciso ler e meditar na Palavra.

Jesus foi muito claro: *"Se minhas palavras permanecerem em vós..."* Se as palavras do Senhor estiverem em nós, então tudo o que desejarmos e pedirmos será o reflexo dessas palavras.

A conexão com a Palavra alinha nossas orações

Somente quando estivermos conectados com a Palavra de Deus é que deixaremos de agir racionalmente e passaremos a agir pela fé. Se estivermos cheios da Palavra, tudo o que pedirmos será com base na Palavra, a qual Deus zela para cumprir. Lembre-se de que a maioria de nossas orações não são respondidas porque oramos por coisas que Deus nunca pediu para que orássemos.

Certa vez, eu estava numa igreja em Santa Catarina e um irmão me perguntou se poderia fazer um pedido "ousado". Então, ele começou a fazer uma série de perguntas: "Você tem filhos? Eles sentam no seu colo? *Será que eu poderia tirar uma foto sentado no seu colo?"* Levei na brincadeira, mas a minha expressão dizia: "Definitivamente, isso nunca vai acontecer!"

Assim como esse pedido soou absurdo para mim, eu acredito que muitas das petições que fazemos soam da mesma forma para Deus.

Quando oramos de acordo com a Palavra de Deus, sabemos que estamos orando pela sua vontade, e, então, Deus cumpre sua Palavra e nada mais. Ele não segue nossas sugestões, nossos sentimentos, nossa perspectiva das coisas. Se não levarmos diante de Deus a própria palavra dele, não conseguiremos experimentar o *e vos será feito*. Costumamos pensar que *pedireis o que quiserdes* significa que podemos pedir qualquer coisa, mas, na verdade, o que Jesus estava dizendo é: "Se minha Palavra habitar em você, então você pode pedir daquilo que é minha vontade que já está em você, e assim será feito".

Esse é o poder da Palavra.

A Palavra e a fé

A Palavra é a fonte de toda a fé.

> *De sorte que a fé é pelo ouvir, e o ouvir pela palavra de Deus. (Romanos 10:17)*

> *Pela fé, entendemos que foi o universo formado pela palavra de Deus, de maneira que o visível veio a existir das coisas que não aparecem. (Hebreus 11:3, ARA)*

A fé é o resultado da interiorização da Palavra de Deus, e quando sua Palavra é vivida e praticada em nossa vida, ela se torna poder para nós. Para o resto de sua vida, seu alvo deveria ser construir sua fé, porque a Bíblia deixa claro que a fé é o modo como vivemos:

O justo viverá pela fé. (Romanos 1:17, ARA)

Porque andamos por fé e não por vista. (2Coríntios 5:7)

Está escrito: Nem só de pão viverá o homem, mas de toda a palavra que sai da boca de Deus. (Mateus 4:4)

Sua fé precisa ser alimentada

Todos os dias, nos alimentamos para que o nosso corpo permaneça saudável. Na vida espiritual acontece a mesma coisa: devemos nos alimentar com a Palavra de Deus para que a nossa fé seja fortalecida. Ter fé é ter total convicção nas promessas feitas por Deus ao homem. Creia em Deus e considere somente a sua Palavra, fazendo seus pedidos com base nela e agindo em gratidão a essa promessa cumprida.

É mais saudável viver pela fé do que viver na dúvida e na ansiedade. Pessoas que vivem com dúvida e que são ansiosas estão sempre tensas, cansadas pelas noites maldormidas e vivem nervosas com o mundo porque nada podem ver além do que os seus olhos enxergam. Aqueles, porém, que vivem pela fé desafiam a compreensão do mundo. Eles têm paz e alegria mesmo quando enfrentam situações difíceis. Com Jesus, são capazes de dormir em meio à tempestade, pois o que eles sabem é mais importante do que eles veem (2Coríntios 5:7).

Muito do que você vê contradiz o seu conhecimento da Palavra de Deus. Ao caminhar de acordo com o que você conhece de Deus, aquilo que você vê passa simplesmente a ser só um véu que cai diante de seus olhos, para que a glória de Deus seja contemplada. O que o deprime é o que você vê, e o que você vê são os seus problemas. No entanto, 2Timóteo 4:18 diz que o Senhor nos livrará de toda má obra. Por piores que sejam, nossos problemas são momentâneos, mas a Palavra de Deus é eterna. Se você entende que tudo no mundo está sob o comando de Deus, incluindo o dia ruim, todas as coisas contribuem para o seu bem, não importa o que seja, porque você é chamado de acordo com o propósito de Deus e de sua santa vontade (Romanos 8:28).

Você tem o sim e o amém

A Bíblia afirma que Jesus tornou suas promessas acessíveis a todos:

> *Porque todas quantas promessas há de Deus são nele sim; e por ele o Amém, para glória de Deus, por nós. (2Coríntios 1:20)*

Cristo tomou o contrato que Deus fez com um grupo específico e o tornou acessível a todos. No entanto, assim como aquelas pessoas, precisamos nos qualificar usando a fé.

Cenários de impossibilidade

Às vezes, Deus permite que entremos em um beco sem saída porque quer nos mostrar o poder de sua Palavra para operar milagres. Quando esgotamos possibilidades a ponto de dizer: "Se Deus não fizer algo estarei perdido, o que tenho agora é a palavra de Deus", um cenário propício se forma para a manifestação de seu poder. Todas as vezes que Deus nos restringe à Palavra dele, se ela é tudo o que temos para prosseguir, estamos prontos para receber um milagre!

Enquanto tivermos nossos pontos de apoio, pouco irá acontecer, mas quando reconhecemos nossas limitações e clamamos pela ajuda de Deus, ele diz: "Gosto dessa situação! Vou dar um jeito nisso porque amo fazer o impossível é não divido minha glória com ninguém".

Se houver fé na Palavra de Deus, o impossível se tornará comum, assim como foi com Sara, Raquel, Isabel e tantas outras mulheres que eram estéreis, não podiam ter filhos, e Deus as fez conceber. Assim como também foi com Maria, que respondeu ao anjo: "Eis aqui a serva do Senhor; cumpra-se em mim segundo a tua palavra" (Lucas 1:38). Em outras palavras, ela disse: "Senhor, faça o que o Senhor quiser!"

As circunstâncias são uma oportunidade que Deus nos dá para aprendermos a depender da fé, que é o que nos capacitará para receber suas promessas. Os sonhos de Deus sempre contrastam com as nossas dificuldades, e ele sabe como as coisas podem parecer assustadoras para nós. Ele nos dá a promessa antes da bênção para que, quando ela chegar, saibamos que veio dele.

Quando oramos com base na Palavra de Deus e com fé, as coisas que estão amarradas começam a se abrir. Você pode estar há muitos anos tentando resolver um determinado problema, mas pode ser também que você ainda não tenha orado de acordo com a Palavra de Deus e confiado na fidelidade dele. A fé abre portas que o trabalho duro não consegue destrancar.

Os planos de Deus para sua vida são muito maiores do que os seus. Para entrar nesse plano, no entanto, você deve crer e afirmar isso pelo que você diz.

A razão pela qual a vida de Jesus foi tão bem-sucedida é que ele não falava suas próprias palavras, mas sim as palavras de Deus:

Porque eu não tenho falado de mim mesmo, mas o Pai, que me enviou, ele me deu mandamento sobre o que hei de dizer e sobre o que hei de falar. E sei que o seu mandamento é a vida eterna. Portanto, o que eu falo, falo-o como o Pai mo tem dito." (João 12:49,50)

As palavras que eu vos digo, não as digo por mim mesmo, mas o Pai, que está em mim, é quem faz as obras. (João 14:10)

Quem não me ama não guarda as minhas palavras; ora, a palavra que ouvistes não é minha, mas do Pai, que me enviou. (João 14:24)

Jesus tornou o aprendizado muito simples para nós. Não há como ser mais claro, simples e objetivo. O maior segredo do seu poder sobre a terra é revelado a nós para que também possamos viver uma vida vitoriosa de fé. Jesus sabia que Deus observava sua Palavra para cumpri-la. As obras de Cristo foram as obras do Pai porque suas palavras eram as palavras do Pai. Seus milagres eram os do Pai porque as palavras eram também de seu Pai. Ele sabia quem era, no que cria e o que dizer, e essa combinação lhe trouxe vitória sobre a Terra.

Se seguirmos seu exemplo, isso também será verdade para nós.

A Palavra e os exemplos de fé

Em Hebreus 11, lemos que "os antigos" foram aprovados porque não viveram pelo que podiam ver, mas pelo que Deus lhes dizia. Eles acreditavam na palavra de Deus e agiam de acordo com ela.

Os homens e mulheres da Bíblia não eram super-heróis perfeitos e supersantos. Eram pessoas como nós. Eles recebiam as respostas de oração conforme sua fé em Deus, confiando em seu caráter e em sua Palavra. A Bíblia mostra isso claramente:

> *Elias era homem, sujeito às mesmas paixões que nós e, orando, pediu que não chovesse e, por três anos e seis meses, não choveu sobre a terra. E orou outra vez e o céu deu chuva, e a terra produziu o seu frutos.*
> *(Tiago 5:17,18)*

A Bíblia também diz que "Deus não faz acepção de pessoas" (Atos 10:34). Isso quer dizer que ele não nos tratará de forma diferente de todos aqueles que creram no poder de sua Palavra. A maior parte dos grandes heróis da fé lutou com dúvidas, falhas e erros, e tiveram de aprender na prática. Ainda assim, o que vemos é a fidelidade e o amor de Deus os ensinando e conduzindo para que os seus propósitos se cumprissem.

As histórias bíblicas não são lendas e fábulas criadas para entreter crianças enquanto tentam pegar no sono, são histórias do poder de Deus para salvar, curar e abençoar, e foram colocadas ali para nos inspirar e influenciar. São relatos sobre o poder da palavra de um Deus que nos ama, nos ouve e agirá em nosso favor.

O desenvolvimento da fé

*De fato, sem fé é impossível agradar
a Deus, porquanto é necessário que
aquele que se aproxima de Deus
creia que ele existe e que se torna
galardoador dos que o buscam.*

Hebreus 11:6, ARA

Neste capítulo, o propósito é apresentar o desenvolvimento da fé e compreender o que a Bíblia diz sobre o que ela significa em nós e para nós.

O versículo acima diz que "sem fé é impossível agradar a Deus". Perceba o quão necessário é termos fé e agirmos de acordo com ela. Jesus também falou sobre isso, e uma das frases mais importantes que ele deixou para nós é: "Seja feito conforme a sua fé" e "Sua fé a curou".

Fomos chamados a viver pela fé (Hebreus 2:4), mas ela é como uma semente, destinada a crescer e se desenvolver.

O Reino dos céus é semelhante a um grão de mostarda que um homem, pegando dele, semeou no seu campo; o qual é realmente a menor de todas as sementes; mas, crescendo, é a maior das plantas e faz-se uma árvore, de sorte que vêm as aves do céu e se aninham nos seus ramos. (Mateus 13:31,32)

Jesus se alegrou e sentiu satisfação quando encontrou fé no coração dos homens, porque é somente isso que ele espera de nós. Em Lucas 18:8, vemos que Jesus pergunta o seguinte: "quando, porém, vier o Filho do Homem, porventura, achará fé na terra?" Que destaque Jesus dá à fé aqui! Ele não está procurando amor, esperança ou obras sociais, porque tudo isso é consequência da fé. Tudo nasce na fé, acontece na fé, pela fé e por meio da fé. Jesus está procurando por fé, pela capacidade de crer que Deus é suficientemente poderoso para cumprir sua palavra, pois onde há esse tipo de fé, nada é impossível.

Um dos principais desafios de Jesus em seu ministério terreno foi escolher, treinar e preparar um time de pessoas capazes de dar continuidade à sua obra. Para isso, ele imputou fé em seus discípulos a ponto de transformá-los em homens que caminhavam na dimensão do sobrenatural, levando-os a um nível de fé em que a confiança em Deus seria absoluta.

Essa é a razão de Jesus operar tantos sinais, curas e maravilhas. Sinais evidenciavam a intervenção do mundo espiritual no campo natural, e nós, seres humanos, temos a necessidade de experienciar as coisas sobrenaturais para que a nossa fé seja edificada.

Jesus precisava edificar fundamentos em seus discípulos. Eles eram doze homens comuns que nada entendiam de poder de Deus, do mundo espiritual e dos segredos do reino dos céus, mas Jesus queria transformá-los em homens completamente espirituais, aptos a representá-lo, que viveriam pela fé e transformariam o curso da história da humanidade. Jesus desejava levá-los a um nível de fé em que a confiança em Deus seria absoluta. Isso é exatamente o que ele faz hoje, e continuará fazendo até que nada seja impossível ao que crê. Onze daqueles homens — pois a exceção é Judas Iscariotes — seriam enviados em nome dessa fé e, depois, perseguidos, questionados e, a maioria, martirizados. Por essa razão, Deus desejava formar neles um espírito inabalável, que os fizessem confiar em Deus em toda e qualquer situação, o tempo todo. E com toda a sobrenaturalidade envolvida nos milagres, a fé dos discípulos se desenvolvia.

Quando uma pessoa vê um enfermo ser curado milagrosamente, paradigmas e estruturas de pensamentos são quebrados. Ela passa a compreender que Deus age quando quer e como quer. Se Deus faz isso, nunca mais duvidaremos de nada. Nunca mais precisaremos temer, nos assustar ou duvidar, porque Deus é poderoso para fazer qualquer coisa.

Sua fé não pode estar limitada à salvação de sua alma, mas precisa se expandir, pela crença de que Cristo nos deixou uma herança, um testamento, e que cumprirá sua palavra. O mesmo que nos prometeu vida eterna, nos deu acesso ao poder e autoridade que está em seu nome! O pensamento que temos de ter é: "Nada será impossível se eu crer".

O processo de desenvolvimento da fé

O fermento da incredulidade

Um avivamento legítimo só vem quando o Senhor encontra este nível de fé na terra:

> *E, deixando-os, tornou a entrar no barco e foi para o outro lado. E eles se esqueceram de levar pão e no barco não tinham consigo senão um pão. E ordenou-lhes, dizendo: Olhai, guardai-vos do fermento dos fariseus e do fermento de Herodes. E arrazoavam entre si, dizendo: É porque não temos pão. E Jesus, conhecendo isso, disse-lhes: Para que arrazoais, que não tendes pão? Não considerastes, nem compreendestes ainda? Tendes ainda o vosso coração endurecido? Tendo olhos, não vedes? E, tendo ouvidos, não ouvis? E não vos lembrais de quando parti os cinco pães entre os cinco mil, quantos cestos cheios de pedaços levantastes? Disseram-lhe: Doze. E, quando parti os sete entre os quatro mil, quantos cestos cheios de pedaços levantastes? E disseram-lhe: Sete! E ele lhes disse: Como não entendeis ainda? (Marcos 8:13-21)*

Depois de mais uma discussão com os religiosos incrédulos, Jesus se retira de barco com os discípulos. Mas eles haviam se esquecido de levar pão, e Jesus, como de costume, usa aquela cena para ilustrar um ensinamento espiritual. No processo de evolução da fé, os discípulos foram confrontados, exortados e por vezes duramente repreendidos por Jesus.

Na passagem acima, Jesus fala sobre o fermento dos fariseus, a contaminação crescente da religiosidade que mata a fé e o sobrenatural. Ele estava se referindo não a um fermento capaz de produzir pão, mas, metaforicamente, à contaminação crescente que os comentários, a teologia e os pensamentos daqueles religiosos promoviam. É como se Jesus estivesse dizendo: "Cuidado, porque há aí um povo religioso, que ama a letra, mas não entende nada do reino". Ele aponta o perigo de permitirmos a influência do racionalismo, o modo de pensar que atribui valor somente à razão, em detrimento da fé, tornando cético o coração.

Um dos grandes questionamentos de vários cristãos hoje é o seguinte: como viver plenamente a vontade de Deus se minha fé está contaminada por uma teologia que justifica a falta de poder, quando, ao contrário, deveria demonstrá-lo? Nessa hora, a maior urgência é a restauração da fé apostólica, a fé demonstrada pelos apóstolos e que os levou a cumprir a Grande Comissão como em nenhuma outra geração. É a única chance de sermos Igreja, da forma idealizada por ele. A chave aqui é entendermos porque Jesus citou as duas multiplicações.

O processo de evolução ocorre quando nossa fé é desafiada em situações reais

Assim como o soldado precisa de um campo de batalha real para aplicar o que aprendeu no campo de treinamento, a fé precisa de cenários reais, e não teóricos, para se desenvolver em nós. Por que o cristão passa luta? Por que muitos líderes passam por lutas? Porque a fé precisa se desenvolver, e esse aprendizado não ocorre na zona de conforto. Somente nos desertos, nas impossibilidades e no sofrimento que a fé terá condições de romper para novas dimensões. Se a vida fosse perfeita, sem lutas e desafios, para que você precisaria de fé? Deus está formando um guerreiro dentro de você, e um guerreiro só se forma na guerra.

Você já teve a sensação que quando tudo parece estar calmo e perfeito, de repente, passa um furacão que vai exigir o máximo da sua fé? Jesus lembrou seus discípulos de ocasiões que representavam absurdas impossibilidades, e nesses dois momentos eles primeiro foram desafiados a alimentar o povo e depois assistiram à manifestação dos mistérios do Reino.

As duas multiplicações

No trecho que lemos acima, Jesus traz à memória dois milagres que realizou. Nessas duas oportunidades, uma grande multidão se reuniu para ouvir Jesus ensinar. Aquelas pessoas não tinham o que comer e ele multiplicou pães e peixes em quantidade suficiente para todos comerem à vontade. Havia tanta comida que, após todos estarem saciados, os discípulos recolheram cestos grandes com as sobras. De todos os milagres que Jesus realizou, ele cita exatamente esses. Ele não disse:

- "Lembrem-se do dia em que transformei água em vinho."
- "Lembrem-se o dia em que curei o homem da mão mirrada."
- "Lembrem-se do paralítico que desceu pelo telhado."
- "Lembrem-se dos demônios que foram para os porcos."

Por que Jesus não citou esses acontecimentos? Eles antecederam as multiplicações de pães e peixes! A resposta é a seguinte: ele sabia que precisava confrontar os seus discípulos e colocar à prova a fé diante da incredulidade de seus seguidores.

Fé *versus* incredulidade

A falta de fé irrita Jesus

Um contraste estava sendo criado entre a fé que Jesus esperava encontrar e o coração ainda incrédulo dos discípulos. Jesus, então, passa a falar sobre uma religiosidade que mata a fé e o sobrenatural, mas os discípulos não compreenderam o ensinamento, e é exatamente neste momento que vemos Jesus extremamente irritado. Colocando com as nossas palavras, ele deve ter dito algo assim:

> *"Que conversa é essa sobre pão? Estou falando de coisas sobrenaturais, sobre princípios do Reino. Será que a ficha ainda não caiu? Será que vocês ainda não entenderam nada? Será que não perceberam? Vocês ainda não compreenderam? Eu estou falando em árabe? Estão com o coração endurecido? Cegos? Surdos? O que vocês precisam para entender de uma vez por todas o que eu estou dizendo?"*

Nada irritou mais a Jesus do que a falta de fé:

> *Então, declarou Jesus: "Ó geração sem fé e perversa! Até quando estarei convosco e sofrerei com vossa incredulidade? (Lucas 9:41, BKJ)*

As etapas na construção da fé

Mateus 14 diz que, imediatamente após tomar conhecimento da execução de João Batista, Jesus se retirou em um barco para um lugar deserto. No entanto, multidões, de muitas cidades, com todo tipo de aflição, o seguiram por terra. Quando Jesus desembarcou, viu todo tipo de gente com todo tipo de necessidade. Eram cinco mil homens, sem contar mulheres e crianças. Entre eles, haviam cegos, paralíticos, coxos e todo tipo de gente necessitada, gritando seu nome. De repente, ele começou a realizar curas. Os discípulos estavam só de camarote, acompanhando como testemunhas oculares a manifestação dos milagres.

Se você estivesse ali, no lugar dos discípulos, vendo paralíticos andando, surdos ouvindo, mudos dando glórias a Deus, como você ficaria? Como fica o coração e a mente de alguém que testemunha algo dessa magnitude? Eu ficaria absolutamente maravilhado. "Uau! É sério? Está havendo muitas curas, muitos milagres!"

Como se não bastasse, quando todos acharam que o culto havia acabado, Jesus ainda alimentou as multidões, por meio de um milagre extraordinário. E não satisfeito em alimentar aqueles milhares de pessoas, ele ainda multiplicou aquele alimento a ponto de sobrarem doze cestos cheios. Doze cestos lotados! Quantos eram os discípulos mesmo?

"Tudo bem Senhor, não vou duvidar mais, minha fé será inabalável."

Ufa! Agora os discípulos serão inabaláveis! Estarão preparados para enfrentar tudo! Nunca mais vão duvidar, estão prontos para viver pela fé... ou não?

Jesus sabia o que se passava na mente dos discípulos

Jesus sabia que, apesar da comoção dos discípulos, ainda não havia ocorrido um rompimento de fé. A mensagem dos milagres ainda não havia penetrado os corações deles, pois não havia sido totalmente compreendida.

Imagine Jesus olhando para os discípulos e pensando: "O que eu vou ter de fazer para que esses homens rompam em fé? Será que eu vou ter de andar sobre as águas?" E foi exatamente o que ele fez.

> *E o barco estava já no meio do mar, açoitado pelas ondas, porque o vento era contrário. Mas, à quarta vigília da noite, dirigiu-se Jesus para eles, caminhando por cima do mar. E os discípulos, vendo-o caminhar sobre o mar, assustaram-se, dizendo: É um fantasma. E gritaram, com medo. Jesus, porém, lhes falou logo, dizendo: Tende bom ânimo, sou eu; não temais. E respondeu-lhe Pedro e disse: Senhor, se és tu, manda-me ir contigo por cima das águas. E ele disse: Vem. E Pedro, descendo do barco, andou sobre as águas para ir ter com Jesus. Mas, sentindo o vento forte, teve medo; e, começando a ir para o fundo, clamou, dizendo: Senhor, salva-me. E logo Jesus, estendendo a mão, segurou-o e disse-lhe: Homem de pequena fé, por que duvidaste? E quando subiram para o barco, acalmou o vento. (Mateus 14:24-32)*

Agora sim os discípulos estavam prontos, com fé suficiente para sair pelo mundo produzindo sinais, coisas iguais ou maiores às que Jesus fez! Certo?
Não.
Ainda não.

Como quebrantar o coração endurecido?

O evangelho de Marcos relata o mesmo acontecimento que lemos acima, porém com uma informação a mais:

> *Entre si, ficaram muito assombrados e maravilhados, pois não tinham compreendido o milagre*

dos pães; antes, o seu coração estava endurecido.
(Marcos 6:51,52)

Como pode alguém, depois de testemunhar tantas manifestações do céu na terra, ainda estar com o coração endurecido? Eles, como muitos de nós, amavam a Deus, mas não tinham fé.

No grego, a palavra "endurecido" significa "pele grossa e calejada". Trazendo esse exemplo para os nossos dias, podemos ver que muitas pessoas, por mais que vejam e contemplem a glória de Deus e a manifestação do seu poder, continuam com o coração endurecido, calejado, porque não conseguem romper em fé ou tiveram sua fé abalada pelas circunstâncias da vida.

Se um coração está endurecido, não há espaço para a compreensão e a revelação dos propósitos de Deus, pois nesse coração não há a fé que ele espera encontrar. Para aquele que deixa seu coração endurecer, sobra a murmuração e os lamentos, pois o entendimento da verdade não está ali. A pessoa sofre muito, enfrenta crises, mas sente-se sozinha e abandonada por Deus e pela igreja, pois não consegue ver a mão de Deus a guardando e nem perceber que tudo coopera para o seu próprio bem.

Como o coração cauteriza?

Apesar de todo treinamento recebido, os discípulos não confiavam suficientemente em Deus. Eles criam em Deus para as multidões, mas quando estavam sozinhos, no barco, se preocupavam com suas próprias necessidades.

No mundo há muita gente exausta, prestes a cair, presas por um fio de fé. Estão oprimidas pelas circunstâncias.

O DESENVOLVIMENTO DA FÉ

Você tem sido fiel, alimentando os outros, confiante que Deus faz para eles, mas cheio de dúvidas e incertezas quando precisa de uma intervenção divina? Você não abandona Deus, mas o coração fica calejado. É justamente nessa hora que a crise se instala.

Quando o coração do líder endurece, a tendência é o ceticismo, a reticência. Ele é capaz de ensinar História, geografia bíblica, falar sobre princípios e valores; é capaz de pregar, mas não consegue falar de milagres, evita falar sobre o sobrenatural de Deus.

Uma das maiores portas de entrada para o coração endurecido é a frustração. Quando, por exemplo, alguém espera em Deus para ter um relacionamento sólido e esse relacionamento só lhe traz sofrimento e decepção, a fé dessa pessoa dificilmente será a mesma a partir dali. Imagine uma moça que foi para uma festa de casamento. O rapaz de quem ela gosta e que ela acredita que será seu futuro marido estava há horas olhando para ela e, finalmente, se aproxima e pergunta se ela quer dançar. Ela, toda animada, diz que sim, e então ele diz: "Então vai, que eu quero sentar!"

Você acreditou de todo o coração, esperou em Deus, fez tudo certinho, botou toda a sua fé e, de repente, suas expectativas são frustradas. Uma tristeza profunda toma conta de nós e nos leva a pensar que Deus não se importa com os desejos do nosso coração. Isso não é verdade. Podemos até achar que nossas orações aparantemente não foram respondidas, mas o ponto que você não compreende é que, mesmo não lhe tendo dado o que você queria, Deus agiu em sua vida.

Temos a tendência de dizer: "Eu orei pedindo a Deus que me tirasse do deserto, mas ele não tirou", mas pode ser que isso tenha acontecido porque Deus queria quebrar seu orgulho e transformar você em uma pessoa humilde, a quem ele pudesse usar.

Você pode se frustrar porque orou e a cura não veio, ter semeado a vida inteira, mas estar em dificuldades financeiras ou passar por crises que duram mais tempo que a sua capacidade de crer. Independente da situação, a verdade é uma só: Deus tem um propósito no deserto para você.

Compaixão

As duas multiplicações foram lembradas por Jesus pelo seguinte motivo:

> *Tenho compaixão da multidão, porque já está comigo há três dias e não tem o que comer, e não quero despedi-la em jejum, para que não desfaleça pelo caminho. (Mateus 15:32)*

Temos aqui uma declaração definitiva, que encerra o assunto: "tenho compaixão".

Jesus faz mais do que os curar e operar sinais:

- ele se preocupa com todas as suas necessidades;
- ele cuida de todas as suas demandas;
- ele é tua proteção, teu sustento, tua fonte de vida e paz;
- ele se interessa, se preocupa e se envolve com suas carências.

Ele não é apenas poder, é também compaixão.

> *Como um pai se compadece de seus filhos, assim o S*ENHOR *se compadece daqueles que o temem. Pois ele*

conhece a nossa estrutura; lembra-se de que somos pó. (Salmos 103:13,14)

É hora de romper em fé

Quebrante-se

O que leva Deus a se mover é sua compaixão e sua graça, não nosso merecimento. É nesse amor que sua fé e confiança precisam estar alicerçadas. A pessoa que tem o coração duro acredita que Deus fez e faz milagres, mas não concebe a ideia de ser um canal para a realização desses milagres.

Jesus estava dizendo para os discípulos: "Vocês são líderes, colunas na Igreja, e ainda tem o coração duro"... O cristão de coração duro tende a trilhar um caminho racional, humanístico, natural, e; valoriza muito a sabedoria humana, mas pouco ou nada a demonstração de poder.

A questão é que o apóstolo Paulo disse:

> *A minha palavra, e a minha pregação, não consistiu em palavras persuasivas de sabedoria humana, mas em demonstração de Espírito e de poder; Para que a vossa fé não se apoiasse em sabedoria dos homens, mas no poder de Deus. (1Coríntios 2:4,5)*

Sua vida revela o poder de Deus? As pessoas olham para você e ficam com vontade de conhecer o seu Deus por que você anda em uma dimensão sobrenatural, por que ora e sua oração é respondida? Se nada disso acontece, é porque seu coração ainda está endurecido e você precisa ter a sua fé restaurada. Lembre-se que a dureza de coração cria um "Deus" que opera apenas para multidões de outros, mas não para o *eu*. Você se envolve, trabalha na obra, alimenta os outros, confia em Deus, mas vive cheio de dúvidas e incertezas?

Milhares de pessoas que comparecem aos cultos nas igrejas estão completamente exaustas, prestes a cair, presas a um fiozinho de fé.

Deus está nos chamando para um novo nível de fé, uma nova dimensão, um novo patamar.

Desenvolva sua fé

O cristão que não cresce na fé fica estagnado, entra em um ciclo de paralisia sufocante e morre espiritualmente. É o seu caso? Então Deus precisa te lembrar dos pães e peixes que ele já multiplicou em sua vida, de sua compaixão, do seu grande amor por você. Confie. Ele tem muito mais para a sua vida.

Ele te conhece, te ama e nunca desprezará um coração sincero. Deus nunca vai fingir que não escutou o seu clamor; sua oração irá alcançar o coração dele.

Quando sua fé for restaurada, os ventos contrários podem soprar, a tempestade chegar e a perseguição se manifestar, mas você estará entre os que não voltam atrás, não são vencidos pelo medo e, apesar dos revéses, continuam caminhando numa dimensão de fé.

CAPÍTULO 4

A fé como cultura do Reino

*Os reinos do mundo vieram a ser
de nosso Senhor e do seu Cristo, e
ele reinará para todo o sempre.*

Apocalipse 11:15

Muito se fala em nossa sociedade sobre a cultura, que é um conjunto de regras, comportamentos, símbolos e práticas sociais aprendidos de geração em geração. No Reino de Deus, a fé é a sua cultura. A cultura é, talvez, a força mais poderosa na sociedade, e a pessoa que a controla exerce, também, o domínio sobre os outros, exceto sobre os que optam deliberadamente por fazer parte da contracultura de Deus.

Pelo fato de a cultura do Reino estar em direta oposição à secular, esse choque cultural impõe sérios desafios ao cristão de hoje. Porém, há maneiras de superar esses testes e ser aprovado em todos os obstáculos.

É necessário compreender a força da cultura. Para entendê-la, precisamos perceber que o maior desafio de uma nação é sua habilidade de proteger e preservar sua cultura. Ao longo da História, observamos que uma das consequências da conquista e da colonização foi a transformação do estilo de vida dos povos conquistados, pela inserção da cultura dos colonizadores. O Império Assírio, por exemplo, conquistou as dez tribos que formavam o Reino do Norte (Israel), que há muito havia se separado da casa de Davi, a legítima dinastia do Reino do Sul (Judá). A cultura assíria sobrepujou completamente a israelita, e essas dez tribos passaram a não existir mais como entidades distintas.

Pouco mais de um século depois, os babilônios conquistaram o Reino do Sul (Judá) e levaram muitas pessoas para o exílio na Babilônia. Nesse caso, houve um movimento de resistência. Graças a Daniel, Sadraque, Mesaque, Abede-Nego e outros líderes judeus que permaneceram fiéis ao Senhor, a cultura judaica não desapareceu. Houve uma oposição cultural da parte daqueles que continuaram convictos em Deus, de modo que a cultura judaica sobreviveu em meio ao caldeirão cultural babilônico.

Setenta anos depois, os persas conquistaram a Babilônia, e um decreto do rei persa Ciro permitiu que os judeus exilados retornassem para casa. Mas, em seguida, a Pérsia foi conquistada pela Grécia; e esta, por Roma. No caso do domínio romano sobre os gregos, ocorreu algo interessante. Isso porque, em alguns casos, a cultura prova ser forte o suficiente para sobreviver — e até mesmo influenciar — os hábitos dos conquistadores. Embora o Império Grego tenha sido conquistado pelos romanos, sua cultura continuou a existir, influenciando profundamente os hábitos de seus dominadores.

Assim, entendemos que a contracultura pode ser poderosa o suficiente para transformar a cultura dominante. Esse foi o caso da Igreja cristã primitiva. No início, ela era considerada uma "seita" ilegal pelo Império Romano, mas com o passar do tempo, a contracultura cristã se tornou tão forte que acabou fazendo o próprio Império de Roma ser "cristianizado".

O teste da força de uma cultura está, portanto, em sua habilidade não apenas de se preservar, mas de modificar o pensamento vigente, ou seja, a força da cultura de uma nação é sua capacidade de superar as contraculturas.

O pensamento dominante somente poderá ser considerado forte se conseguir sobreviver às correntes menores que gravitam ao seu redor.

Hoje, países como Alemanha e França estão envolvidos em batalhas culturais. Enquanto famílias alemãs e francesas têm um ou dois filhos, as islâmicas geram de oito a dez crianças. Sociólogos já alertam que essas culturas europeias estão seriamente ameaçadas pela imigração muçulmana. Essa presença impõe sérios desafios não somente aos hábitos, mas também à sua fé.

Da mesma forma, a Igreja constitui hoje uma cultura que está em constante embate com o secularismo. Nossa fé é provada a todo o momento, de forma que enfrentamos diariamente testes das mais diversas naturezas. O cristão de hoje precisa estar apto a enfrentar a peneira e permanecer atento aos desafios que se impõem à sua caminhada com Cristo.

Não podemos esquecer que esse era o cenário dos primórdios da fé cristã. Os primeiros seguidores de Cristo iniciaram um movimento contracultural no seio do Império Romano, que ficou conhecido como "cristianismo". Esse grupo cresceu de forma surpreendente, a ponto de dominar sob todo o mundo ocidental. Porém, no decorrer dos séculos, ele passou a sofrer vários ataques e começou a sucumbir diante do modelo contrário, de modo que quando estabeleceu aliança com a cultura secular, perdeu todo o seu poder, seu propósito, sua força e influência espiritual.

Os capítulos de ouro da história da Igreja foram escritos enquanto ela travou um relacionamento contracultural com a sociedade vigente. Porém, quando surgiu o perigo do sincretismo cultural, o cristianismo foi vagarosamente perdendo seu brilho. Um dos maiores problemas da Igreja atual é a perda de grande parte de sua essência de contracultura diante do sincretismo cultural. Isso ocorre quando cristãos passam a assimilar o pensamento e a cultura deste século, se tornando quase indistinguíveis do mundo. Ignoram o importante princípio espiritual, segundo o qual, antes de uma cultura, há um culto. Toda cultura é originada por um culto.

Qual é o culto por trás da cultura deste século? É um culto pagão, anticristão e diabólico. Tudo que essa cultura dita é contrário ao plano e à vontade de Deus para o homem. Basta observarmos as grandes estrelas do cinema e da música que pregam esse culto satânico. Veja como Lady Gaga promove, ao redor do planeta, músicas que representam uma Sodoma e Gomorra globalizada, ou então Britney Spears com seu videoclipe celebrando o suicídio.

Diante desse cenário caótico, perguntamos: como a contracultura cristã pode emergir dessa pressão com sua integridade intacta? Como poderemos ser peneirados pela cultura secular e não perdermos nossa identidade cristã? A resposta está na Bíblia. A verdadeira fé, que é a cultura do Reino dos céus, superará a cultura da terra (Apocalipse 11:15).

No versículo que abre este capítulo, a palavra "mundo" (do grego *kosmos*) se refere aos sistemas políticos e sociais. No contexto em que foi usada, significa o mesmo que "cultura", ou seja, o Reino de Deus é uma cultura, não apenas um governo. Os céus são a pátria original, e a terra é sua colônia. A Igreja é uma embaixada do Reino, com a missão de colonizar todo o planeta com a cultura celestial. O mundo precisa ser saturado com a cultura dos céus.

Cultura é um estilo de vida, e todos nós somos criados dentro de uma, por isso, vivemos de acordo com determinados pensamentos que nos ocorrem naturalmente. Portanto, precisamos entender que esses costumes determinam a forma como as pessoas são. É uma construção de identidades, regida por um sistema de valores. Devemos estar atentos e vigilantes, pois nossa cultura está em risco, e nossa fé sob perigo. No fim, Cristo reinará sobre toda a humanidade, mas hoje precisamos lutar para que o secularismo não corrompa nossa identidade.

Como qualquer outra nação, o Reino de Deus tem uma cultura, e uma de suas mais distintivas características é a fé. A cultura do Reino prevalecerá sobre qualquer outra, é inevitável. Lembre o que Jesus nos ensinou: "Tenho-vos dito isso, para que em mim tenhais paz; no mundo tereis aflições, mas tende bom ânimo, eu venci o mundo" (João 16:33).

O Senhor disse essas palavras na noite anterior à sua crucificação. Ele estava preparando seus discípulos para os problemas e desafios que enfrentariam no futuro. Primeiro, Jesus lhes deu a má notícia, anunciando que enfrentariam muitos obstáculos, alertou que iriam vivenciar diversas situações que não haviam previsto, circunstâncias que julgavam não merecer. Disse que enfrentariam oposição, crítica e ataques de toda natureza, mas Cristo revelou tudo isso previamente, para que não fossem surpreendidos, e depois lhes deu a boa notícia: "Tenham bom ânimo, não entrem em pânico, pois eu venci o mundo". Em outras palavras, ele disse: "Eu superei os sistemas de poder, de cultura, sociológicos e morais da civilização humana".

Hoje, com essa fé, também somos capazes de vencer a dor e a perda, e de sairmos mais fortes. É como o músculo que, para crescer e tornar-se mais resistente, precisa passar por dores severas e desafios cada vez maiores.

Moisés, por exemplo, passou por todos esses testes. Viveu numa contracultura judaica em meio à civilização egípcia. Superou todos os desafios que foram colocados contra sua fé, pois conhecia muito bem o Deus a quem servia. Ele sobreviveu aos egípcios e ao deserto. Fugiu do Egito em sua fase adulta, perdeu sua dignidade e sua boa reputação, mas se transformou num líder poderoso, que libertou milhares de pessoas.

Saiba que você também pode viver tudo isso. Com uma fé genuína, você é capaz de superar qualquer obstáculo, pois a confiança em Deus nos torna capazes de vencer o mundo.

O Reino

Jesus não veio apresentar uma nova religião, mas um Reino, um governo espiritual. Quando começou a pregar em seu ministério terreno,

Cristo não buscava anunciar uma nova religião. Ele veio como um embaixador, representando o Reino do Pai.

As primeiras palavras registradas de Jesus foram: "Arrependei-vos, porque é chegado o Reino dos céus" (Mateus 4:17). Para entendermos a profundidade dessa passagem, precisamos refletir melhor sobre o que significa um reino. De forma geral, reino é um estado, onde há a influência governamental de um rei soberano sobre um território, impactando-o com seus objetivos, leis, valores e cultura, produzindo uma cidadania que reflita seu estilo de pensamento. Assim, um reino é uma nação governada por um rei, cuja cultura e sociedade refletem a natureza pessoal de seu líder.

Cada nação tem uma cultura. No Reino de Deus não é diferente, pois nele também há crenças, valores morais, costumes e particularidades que distinguem uma nação ou um grupo de pessoas e os tornam singulares. Nesse contexto, a fé é o diferencial dos cidadãos do Reino de Deus, ela é a própria cultura do Reino. A diferença é que o Reino dos céus é eterno. Os reinos e governos da terra passarão, mas o Reino de Deus permanecerá para sempre (Mateus 24:15).

Uma das características dos que perduram é a longanimidade, o ânimo constante e paciente. Um perdedor na vida é, na verdade, um vencedor que não teve a paciência de esperar e de continuar lutando. A paciência é um patrimônio de valor incalculável e em extinção hoje em nossa sociedade. É um bem tão valioso que está listado como um dos frutos do Espírito Santo. É uma virtude que se perdeu em nosso mundo. As pessoas estão cada vez mais preocupadas em ter as coisas e em serem reconhecidas rapidamente.

Muitos casais, por exemplo, se divorciam porque não conseguiram se entender e fazer o casamento funcionar nos primeiros anos. Outros, ainda recém-casados, pensam que são fracassados porque não puderam comprar imediatamente o tipo de casa que seus pais precisaram esperar trinta anos para adquirir. Inúmeras famílias se encontram soterradas em dívidas simplesmente porque não conseguiram esperar para conquistar o padrão de vida que desejavam. Movidos pelo imediatismo, milhões de pessoas abrem mão de sua liberdade financeira e se fazem escravas do crédito. Não conseguiram resistir aos desafios contra sua fé. Acabaram sucumbindo perante a cultura secular, e não tiveram paciência e sabedoria para superar os obstáculos. Saiba, porém, que fé é resistência.

Cultura do Reino como resistência

A cultura desse Reino é inextinguível, pois dura para sempre. Por isso, independente da circunstância, lembre-se de que você é eterno, mas as dificuldades não. A fé permanecerá, as provações passarão. Por isso, não desista. Resista!

Em toda a Bíblia, somos incentivados a resistir, a correr a carreira que nos foi proposta, a batalhar o bom combate e alcançar o alvo. O problema, porém, é que desistimos rápido. Muitos não estão preparados para as adversidades. Ao primeiro sinal de problema, entram em pânico e jogam a toalha, desistindo. Tais pessoas pensam: "Isso não funcionou. Acho que não é a vontade de Deus. Vou tentar outra coisa".

A fé, por outro lado, nos dá acesso a Deus e nos torna alvos de suas bênçãos. Porém, ela exige mais que disposição para ser abençoado. Fomos chamados a viver pela fé. É uma convocação para permanecermos firmes e nunca desistirmos diante dos problemas, das oposições ou do medo. Somos cidadãos do Reino, pertencemos a uma cultura que aguenta qualquer tipo de contratempo. Não devemos temer as provações temporárias, os testes e as adversidades. Tudo isso é passageiro, mas nós somos eternos.

Amanhã, o motivo de sua tristeza e aflição será apenas uma vírgula em sua história. Por isso, não entre em pânico. Fique firme em sua fé e espere tudo passar. A fé nos capacita a suportar todas as coisas, pois é um escudo que nos protege durante a batalha. Suas provações são temporárias. Por isso, espere, tenha paciência. Você nunca sabe o que te aguarda daqui a alguns instantes. Não é hora de fazer ameaças a Deus. Saiba que a Bíblia já havia nos alertado sobre os desafios que deveríamos superar. O próprio Pedro, depois de ser limado e peneirado, aprendeu com suas provações. Em suas epístolas, vemos um homem mais maduro, quebrantado e sábio.

> *Amados, não estranheis a ardente prova que vem sobre vós para vos tentar, como se coisa estranha vos acontecesse; mas alegrai-vos no fato de serdes participantes das aflições de Cristo, para que também na revelação da sua glória vos regozijeis e alegreis. (1Pedro 4:12,13)*

As provações não deveriam surpreender o verdadeiro cristão. Pedro disse para não estranharmos quando as provas chegarem, porque os testes fazem parte do Reino de Deus neste mundo. Saiba, porém, que não existirão provações na vida que há de vir. No céu, sua fé não será testada, mas os testes nesta vida nos preparam para a eternidade.

A cultura do Reino tem a resposta certa para perguntas do tipo: "Por que isso está acontecendo comigo?" ou "Se você crê em Deus, por que está passando por isso?". A resposta deve ser: "Isso é normal para mim, é parte de minha cultura, é a maneira pela qual me torno mais experiente e maduro. É apenas uma situação passageira. Sou mais forte do que essas circunstâncias." Esse é um testemunho verdadeiro para um mundo desesperado por respostas e esperanças.

A religião ensina a ideia equivocada de que a confiança nos isenta das dificuldade e das tribulações, mas esse é só um conceito religioso. Se nos declaramos cidadãos do Reino, devemos estar preparados para provar nossa cidadania. Você tem que estar disposto a colocar sua cultura à prova.

No versículo que lemos mais acima, Pedro sugeriu que nos alegrássemos com a provação, pois ele mesmo havia aprendido a lição. Ele sabia exatamente o que significava ser peneirado. Ele foi humilhado, envergonhado e tão oprimido que chegou a negar o Senhor Jesus por três vezes. Além disso, se escondeu enquanto Cristo era crucificado. Foi moído em suas convicções e triturado por seus medos. Chegou ao ponto de fracassar completamente, mas entendeu que só aprende aquele que passa pela peneira. Vale a pena não desistir e perseverar. Apenas creia.

Pedro ensinou que venceremos o mundo da mesma maneira e com o mesmo poder que Jesus alcançou sua vitória. Em Cristo, permanecemos firmes, alicerçados, resistentes e mais fortes do que antes. Quando agimos assim, Deus é glorificado.

> *Se, pelo nome de Cristo, sois vituperados, bem-aventurados sois, porque sobre vós repousa o Espírito da glória de Deus. (1Pedro 4:14)*

Quando vencermos as provações, nos tornaremos veículos de manifestação da glória de Deus. O Senhor não quer que sejamos desistentes, porque a renúncia é algo alheio à natureza divina. Pela fé permanecemos seguros, resistentes e comprometidos, enquanto o mundo observa o caráter de Cristo revelado em nós.

Reino e colonização

Quando um reino estende sua influência a um território distante, esse processo é chamado de colonização. O objetivo de estabelecer colônias é a expansão das leis, valores e cultura do reino colonizador ao lugar remoto, mostrando a glória do governante naquela terra.

O propósito original para a criação foi transformar a terra numa extensão do céu, uma colônia celestial. Jesus veio ao mundo para resgatar a terra como colônia do Reino dos céus, de acordo com o propósito original de Deus e conforme seu desígnio para a humanidade.

> *Portanto, vós orareis assim: Pai nosso, que estais nos céus, santificado seja o teu nome. Venha o teu Reino. Seja feita a tua vontade, tanto na terra como no céu. (Mateus 6:9,10)*

A queda do homem comprometeu o governo do Reino dos céus sobre a terra. Sem esse governo, instaura-se o caos. A paz passa a dar lugar a assassinatos, miséria, poucos com muito e muitos sem nada, destruição do meio ambiente, guerras, ódio, racismo, segregação e egoísmo. Foi por essa razão que Deus enviou seu Filho, o herdeiro do trono, à colônia, a fim de restaurar a influência, as leis, os valores, o estilo de vida e a cultura dos céus na terra. No Reino, o cuidado e o bem-estar dos cidadãos é responsabilidade do Rei. Por isso, esse Reino possui um sistema de segurança, de saúde e de provisão, mas seus cidadãos possuem, em contrapartida, deveres, obrigações e direitos, e o acesso às promessas e aos privilégios no Reino dependem da qualidade da fé.

A fé como moeda corrente do Reino de Deus

Além de expressar sua cultura, a fé é a moeda corrente do Reino de Deus. Moeda se refere a tudo o que é usado como valor de troca em um país. Nenhuma nação funciona sem ela. Para que a vida, o comércio e as negociações aconteçam em um determinado território, é necessário possuir um meio de troca.

Sabe o que acontece se você não possui a moeda local? Você não tem acesso a nada, nem a bens ou a serviços. Se você chega a uma nação e não tem o dinheiro local, você pode ter uma fortuna em espécie, mas não vai conseguir tomar nem mesmo um cafezinho.

Como são chamadas as pessoas que não têm dinheiro? Elas são conhecidas como "pobres". Socialmente, os pobres são os indivíduos desprovidos de posses. No Reino de Deus, porém, a pobreza não é medida pela quantidade de dinheiro, mas pela medida de fé. Você pode ser milionário neste mundo, mas ser pobre para Deus.

Homens sem fé são pobres no Reino de Deus, independente do saldo de suas contas bancárias. Quando o jovem rico perguntou a Jesus o que poderia fazer para encontrar a vida eterna, Cristo respondeu:

> *Se queres ser perfeito, vai, vende tudo o que tens, dá-o aos pobres e terás um tesouro no céu; e vem e segue-me.*
> (Mateus 19:21)

Basicamente, Jesus estava dizendo ao homem: "Não confie em sua riqueza; confie em mim. Agindo assim, você encontrará a verdadeira prosperidade". As posses mundanas não durarão. A fé, porém, é o verdadeiro tesouro.

Por que a fé é mais importante que os bens terrenos? A riqueza sempre é temporária e pode ser roubada, perdida ou ter seu valor depreciado, como ocorre durante as crises. Mas a fé é o acesso às provisões ilimitadas e eternas. Se você perde seu dinheiro, apenas empobrece, mas se perde a fé, fica completamente derrotado. Sem a fé, a moeda do Reino de Deus, não conseguimos realizar nada nem obter coisa alguma.

Nada no Reino é recebido sem fé. Este é um conceito crucial. Lembre-se da pergunta de Jesus: "Quando, porém, vier o Filho do Homem, porventura, achará fé na terra?" (Lucas 18:8). Cristo não vai procurar amor, caridade ou louvor. Ele vai buscar fé. Neste momento, entendemos ainda mais a importância de depositar nossa confiança plenamente em Deus.

Reino inabalável

O Reino de Deus é o lugar que permanecerá eternamente de pé, com todo seu poder e glória, milênios depois do último governo humano ter sido reduzido a pó. Trata-se de um "Reino que não pode ser abalado" (Hebreus 12:28).

Esse Reino já passou por momentos piores do que tudo o que já vimos na vida. Ao longo das muitas eras, vários impérios e governos humanos tentaram destruir a Igreja, a embaixada do Reino celestial na terra. Eles perseguiram e mataram o povo de Deus, baniram e queimaram a Bíblia, declararam ilegais os ensinamentos divinos e utilizaram muitas outras ações para arruinar, distorcer e desacreditar o Reino de Deus. No entanto, todos esses regimes caíram e desapareceram, um a um, da face da terra, enquanto o Reino celestial permanece firme e inabalável.

O Reino de Deus passou por toda circunstância imaginável e, ainda assim, emergiu dezenas de vezes em vitória. E sempre emergirá. Cada geração vê novos poderes ou governos desafiarem a soberania divina, assim como está ocorrendo em nosso mundo hoje, mas o Reino de Deus continua e continuará inabalável. Por isso, permaneça confiante. Saiba que a fé não apenas mostra que estamos verdadeiramente unidos a Cristo, mas expressa a cultura dos céus. Viva essa confiança verdadeira em Deus. Através de você, o mundo conhecerá o poder e a glória do Senhor.

Fé em tempos de crise

*Ainda que a figueira não
floresça, nem haja fruto na vide;
[...] eu me alegrarei no S*ENHOR*,
exultarei no Deus da minha salvação.*

Habacuque 3:17,18

A fé só é verdadeira quando se torna madura e sobrevive às provações. Posso discursar por horas sobre a fé, conhecer todas as referências bíblicas que ensinam sobre ela e defender sua importância, mas o exercício dessa fé em circunstâncias reais é algo totalmente diferente, especialmente durante os períodos de provações.

É nessa hora que o verdadeiro nível de maturidade é revelado. O aperfeiçoamento é medido pelo grau de resistência à pressão, ao estresse e aos tempos de confusão e sublevação. Pessoas imaturas desmoronam com forças adversas, renunciam sob pressão e desistem quando a situação fica difícil. Mas aqueles que permanecem firmes na fé mesmo quando os desejos do seu coração não se realizam são recompensados por sua perseverança.

Esse é o tipo de fé que escreve história. É a fé demonstrada na Bíblia por homens que saíram do lugar comum de desespero e apatia para fazer o que ainda não havia sido feito. Vejamos um exemplo dessa fé inabalável:

> *"E contou-lhes também uma parábola sobre o dever de orar sempre e nunca desfalecer, dizendo: Havia numa cidade um certo juiz, que nem a Deus temia, nem respeitava homem algum. Havia também naquela mesma cidade uma certa viúva e ia ter com ele, dizendo: Faze-me justiça contra o meu adversário. E, por algum tempo, não quis; mas, depois, disse consigo: Ainda que não temo a Deus, nem respeito os homens, todavia, como esta viúva me molesta, hei de fazer-lhe justiça, para que enfim não volte e me importune muito. E disse o Senhor: Ouvi o que diz o injusto juiz. E Deus não fará justiça aos seus escolhidos, que clamam a ele de dia e de noite, ainda que tardio para com eles? Digo-vos que, depressa, lhes fará justiça. Quando, porém, vier o Filho do Homem, porventura achará fé na terra?"*
> *(Lucas 18:1-8)*

Nessa passagem, Jesus escolheu o tipo de pessoa que representa a fragilidade: uma viúva. Sozinha, sem ninguém para defendê-la e contando já com uma certa idade, ela levava grande desvantagem na luta pela conquista de qualquer coisa. No entanto, sua condição não foi maior que seu espírito persistente. Ela alcançou o que queria batendo na mesma porta até que se abrisse (Lucas 11:9).

Assim como a viúva, nós também somos frágeis em alguns aspectos. Todos temos nossos gatilhos que, quando acionados, roubam nosso equilíbrio e sobriedade. Pode ser a rejeição, o abandono, a traição, o medo de ficar sozinho, de perder pessoas amadas, de ficar pobre ou doente. São inseguranças, incertezas e inconstâncias que nascem no medo do futuro. O que não podemos é permitir que essas limitações nos impeçam de continuar lutando. Nada pode ofuscar a verdadeira glória espiritual que reside em nós. Precisamos prevalecer a despeito de nossas fraquezas.

A habilidade de se manter sóbrio

A fé madura, provada e aprovada, é equilibrada e constante. Ela não oscila, não se desespera, não se desestabiliza, não se altera. Independe dos resultados e não se abala. Aquele que crê aprende a gerenciar seus sentimentos, e os imprevistos e reveses não destroem suas convicções e testemunho. Não há dificuldades em lidar com o previsto, pois você já se preparou para ele, mas a fé é medida pelas nossas reações diante do inesperado.

Quando algo repentino surge, como você reage? Sua resposta ao fator surpresa é um sinal indicador da matéria-prima da qual você é feito. Assim, pessoas maduras preparam-se para o desconhecido, enquanto que as imaturas não sabem como reagir e geralmente sofrem as consequências. Como já dizia o antigo provérbio: "O avisado vê o mal e esconde-se; mas os simples passam e sofrem a pena" (Provérbios 22:3).

O sucesso é decorrente da habilidade de alguém manter o equilíbrio emocional e o foco em tempos de desordem e dificuldades. A viúva, por exemplo, foi injustiçada em sua causa, mas não a vemos desistindo de tudo e chorando enquanto faz crochê. Mesmo sem alguém intercedesse por ela, sua reação é louvável: ela se levanta e se posiciona, com fé e esperança. A injustiça não a afetou em suas certezas; antes, a fortaleceu. Assim Deus espera que ocorra conosco. As provas imprevistas não podem nos destruir, desintegrando nosso sistema de crenças.

A maturidade conserva o equilíbrio emocional e a fé mesmo em meio às adversidades. Significa acreditar mais em Deus do que naquilo que podemos enxergar, ou seja, em qualquer situação, precisamos ver com os olhos da fé. As maiores revelações na vida, assim como as melhores oportunidades de crescimento, sempre vêm durante as crises inesperadas e os tempos de provações. É exatamente nessas horas que Deus se revela de novas maneiras e mostra seu poder. Aprenda a lidar com essas situações críticas, pois é assim que ele fortalece nossa fé. Sem esse exercício, a fé não se desenvolve.

Maturidade em meio ao caos

Como você lida com o caos? O que faz quando tudo desmorona subitamente em sua vida? Suas ações nesse exato momento revelam quão maduro você é.

Conseguimos identificar o nível de maturidade de uma pessoa pelo modo como ela reage à pressão. Só conhecemos verdadeiramente alguém no momento em que observamos seu comportamento sob estresse. A pressão expõe nossos alicerces e, então, descobrimos se o fundamento é sólido.

Você consegue se reerguer em situações trágicas, caóticas e inesperadas, ou seu mundo precisa permanecer descomplicado, ordenado e tranquilo para que consiga lidar com a vida? Não tema as provações. Elas farão com que você fique mais forte.

A fé não garante imunidade às provações

A fé não nos livra das provas, mas promove resistência a elas. A fé da viúva cresceu diante da adversidade. Ela se tornou mais perseverante e resistente. A Palavra de Deus estabelece uma clara ligação entre a fé e a resistência obtida a partir das provações:

> *Sempre devemos, irmãos, dar graças a Deus por vós, como é de razão, porque a vossa fé cresce muitíssimo, e o amor de cada um de vós aumenta de uns para com os outros, de maneira que nós mesmos nos gloriamos de vós nas igrejas de Deus, por causa da vossa paciência e fé, e em todas as vossas perseguições e aflições que suportais. (2Tessalonicenses 1:3,4)*

Os cristãos da cidade de Tessalônica estavam passando por provações e perseguições. E qual foi o resultado do sofrimento deles? Renderam-se, fugiram, desistiram, abandonaram a fé? Não. Pelo contrário, resistiram. A fé deles crescia mais e mais, e o amor pelo próximo aumentava.

Tudo isso acontecia em meio às provações e perseguições. Esses cristãos eram conhecidos por sua fé e perseverança. Nosso verdadeiro testemunho não está no que nós conseguimos evitar, mas em tudo o que passamos sem perder a fé.

Toda vez que enfrentamos provações com a graça divina e a confiança, saímos mais fortes da situação e encorajamos outras pessoas a resistirem às dificuldades que estão passando. Nossa resistência aponta para a fonte de nossa virtude — Jesus —, em quem está a nossa força, e assim Deus se revela ao mundo.

A fé amadurece com as provações

A fé verdadeira cresce em momentos de crise. Ela nos capacita a suportar adversidades e nos torna mais fortes a cada prova vencida. Não podemos evitar as crises ou as provações, mas, pela fé, conseguimos atravessar esses vales com a paz de Deus, que nos incentiva a ter bom ânimo, apesar das aflições, porque ele venceu o mundo (João 16:33).

Você reflete Jesus em qualquer momento, independente do que esteja acontecendo em sua vida? Pense em suas provações. A Bíblia te elogiaria por sua perseverança e fé? Deus seria glorificado?

As pessoas geralmente não ficam impressionadas com a nossa fé durante os tempos calmos. Qualquer um pode crer quando tudo está indo bem. O que importa mesmo é o nosso posicionamento diante das adversidades.Nosso amadurecimento depende de desenvolvermos habilidades que resistam aos tempos de dificuldades, de perseverar nas provações. Devemos saudar as provas quando chegam, não porque são divertidas — pois não são —, mas porque elas nos ajudam a crescer em maturidade e completude no Reino de Deus.

> *Meus irmãos, tende grande gozo quando cairdes em várias tentações, sabendo que a prova da vossa fé produz a paciência. Tenha, porém, a paciência a sua obra perfeita, para que sejais perfeitos e completos, sem faltar em coisa alguma. (Tiago 1:2-4)*

Toda vez que você passa por um período de dificuldade, a força e a maturidade estão sendo desenvolvidas em seu interior; você está ganhando no processo. Crescer durante os tempos bons é raro, mas quando Deus deseja que você se aproxime ainda mais dele e cresça espiritualmente, ele permite provações em seu caminho. Ele faz com que períodos difíceis venham sobre sua vida, porque o prepara para galgar um nível acima.

Dessa forma, resista a qualquer adversidade em seu caminho, encare as situações com fé e saia vitorioso e fortalecido do turbilhão. Imagine o que as pessoas dirão de você e, melhor ainda, a respeito do Deus que o fortaleceu. As pessoas ao seu redor observam para conferir em que sua fé está firmada e quem é o Deus a quem você serve.

Quando virem que você passa pela fornalha, sai de lá sorrindo e sem cheiro de fumaça, dirão: "Eu quero este Deus!" Não é do que escapamos, mas a que resistimos, que faz com que ganhemos o respeito dos nossos espectadores e do Reino de Deus.

Os heróis da fé que passaram pela provação

Todos eram pessoas comuns, como eu e você e, com exceção de Jesus, falharam de uma forma ou outra. No entanto, eles alcançaram a vitória e provaram que pertencem ao Reino de Deus.

Moisés matou um egípcio e passou 40 anos no deserto pastoreando ovelhas. As quatro décadas em que ele viveu no deserto serviram para fortalecer seu caráter e cooperar para sua maturidade, a fim de que pudesse voltar ao Egito preparado para a tarefa que o Senhor lhe designou. Ele passou no teste.

Jó perdeu tudo. Deus permitiu que Satanás o testasse, porque o diabo insistiu que a fé daquele homem duraria apenas enquanto o Senhor continuasse a abençoá-lo. Ele questionou abertamente o motivo pelo qual tinha de sofrer. No entanto, nunca amaldiçoou a Deus ou abandonou sua fé. No final, o Senhor lhe deu duas vezes mais do que tinha no início. Jó passou no teste.

Jesus foi traído por um de seus melhores amigos. São sempre as pessoas mais próximas que nos machucam mais, pois a traição só é possível quando há confiança envolvida. Judas entregou o Mestre aos inimigos. Jesus desistiu? Não. Entretanto, Judas cometeu suicídio. Jesus disse ao seu traidor: "Faça o que quiser. Não vou me responsabilizar por sua decisão", e seguiu. Você pode perder seu melhor amigo na vida, mas deve levantar-se e continuar seu caminho. Jesus passou no teste.

João foi exilado na ilha de Patmos pelo imperador romano, por causa de sua fé. Enquanto adorava, recebeu visões e escreveu o livro de Apocalipse. João passou no teste.

Nossa fé é qualificada por meio de testes, de provações, e, por isso, eles devem ser encarados como oportunidades para amadurecermos. Enfrente suas adversidades com segurança e glorifique a Deus por ter escolhido você. Quanto mais você supera, mais você domina. Não acredite apenas no que o Senhor pode fazer e não o despreze por causa daquilo que ele não lhe deu.

Sua fé é uma questão pública

A fé é pública porque a confessamos abertamente perante os outros. Paulo disse a Timóteo: "Milita a boa milícia da fé, toma posse da vida eterna, para a qual também foste chamado, tendo já feito boa confissão diante de muitas testemunhas" (1Timóteo 6:12).

A fé de Timóteo em Cristo era uma questão de anúncio público. Ele estava em foco como um homem de fé, e essa fé com certeza seria testada.

Confessar a fé em público e vivê-la no dia a dia revela grande maturidade espiritual. Ao fazermos uma confissão pública de nossa fé, colocamo-nos em posição de teste. Deus permitirá que nossa declaração seja posta à prova para que nós mesmos, assim como o resto do mundo, possamos saber quão genuína é nossa fé. Quando superamos os testes, mostramos que nossa fé é verdadeira e saímos mais maduros.

Se você confessa que Deus tem sido muito bom e alguns desafios e adversidades te alcançam, ele está falando com você: "Continue acreditando. Não desista porque as coisas ficaram mais difíceis. Você confiou em mim quando a situação estava boa. Acredite em mim agora, na época ruim. Persevere na confissão que fez em público."

Qual será seu discurso em tempos de escassez e crise? Você vai acreditar e testemunhar que o Senhor suprirá todas as suas necessidades? E se isso não acontecer? E se seu dinheiro acabar, você vai continuar crendo? Quando chegar à beira do fogão e ver uma panela vazia, você vai acreditar que o Senhor irá enchê-la de alguma forma? Você vai lidar com o vazio da carteira sem perder a confiança na fidelidade divina e em sua provisão? Vai olhar com segurança para sua situação e enxergar uma oportunidade de crescer em fé?

Deus não é só o Senhor dos dias bons. É também dos ruins.

> *Combati o bom combate, acabei a carreira, guardei a fé. Desde agora, a coroa da justiça me está guardada, a qual o Senhor, justo juiz, me dará naquele Dia; e não somente a mim, mas também a todos os que amarem a sua vinda. (2Timóteo 4:7,8)*

Veja que promessa gloriosa: a coroa da justiça é o prêmio para todos que venceram o combate e passaram no teste. A recompensa é o galardão da fé madura. Para isso, é preciso acreditar até o fim.

A qualidade de minha fé é muito ruim se dura enquanto está tudo bem e desaba no dia difícil.

Murmuração é peculiar ao imaturo. Aquele que não consegue ver propósito nas provações, vive em meio a reclamações e revolta. Maturidade é estar disposto a aceitar e a superar as situações difíceis, sabendo que isso poderá fortalecer a sua fé e transformá-lo em alguém melhor. No Reino de Deus, se não temos provações, não teremos recompensas.

A resistência precede a recompensa

Se a viúva tivesse desistido, não teria alcançado o favor do juiz. Quem desiste nunca alcança. Se alguém alcançou, foi porque não desistiu. Então, toda vez que você encara desafios, apenas lembre-se: "Trabalho pela minha coroa. Estou expandindo o tamanho de meu posto de domínio". Ter o Reino como foco é sinal de uma fé madura. Fique firme, e o próprio Rei colocará uma coroa sobre sua cabeça como uma gratificação pela sua fidelidade. A recompensa é o que se recebe quando se faz algo louvável. Comece a encarar as dificuldades como instrumentos através dos quais Deus vai lhe aperfeiçoar e fortificar. Pedro nos instruiu a olharmos as provações desta forma:

> *Ainda que agora [...] estejais por um pouco contristados com várias tentações, para que a prova da vossa fé, muito mais preciosa do que o ouro que perece e é provado pelo fogo, se ache em louvor, e honra, e glória, na revelação de Jesus Cristo. (1Pedro 1:6,7)*

As provações amadurecem nossa fé. Elas levam embora os sedimentos — as ideias, as crenças e os pensamentos falsos, confusos e mesquinhos que ficam presos à nossa fé durante o curso da vida. Os testes clareiam de tal forma nossa visão que conseguimos enxergar o que é verdadeiramente importante na vida. Eles nos ajudam a reorientar as prioridades. Fazem-nos pensar que as coisas são apenas coisas e que, de qualquer forma, nunca duram muito mesmo. Só o céu é eterno e é lá que deve estar o nosso foco.

A fé verdadeira sabe esperar

As provações são comuns à humanidade. Todos nós passamos por elas e não podemos escapar. O melhor que temos a fazer é deixar com que trabalhem a nosso favor para que construam nosso caráter e maturidade. Esteja certo de que a resposta virá, mas, provavelmente, não de forma imediata. Porém, uma resposta demorada continua sendo uma resposta. Uma vitória que chega um pouco depois ainda é uma vitória.

Lembre-se de que a paciência é outro grande sinal de uma fé madura. A viúva precisou esperar e esperar, até ser atendida. Ela lutou com as dificuldades, agora teve de lutar contra o tempo.

O texto diz que "por algum tempo ele se recusou". Muitas coisas poderiam ter acontecido durante o tempo em que o juiz se recusou a socorrer a viúva. Ela poderia ter desistido, abandonando a causa por achar inútil continuar esperando. Poderia ter alimentado amargura contra o sistema iníquo que a prejudicava ou simplesmente ter se encolhido em seu canto, acomodando-se à triste realidade da injustiça. No entanto, a demora em receber a resposta não apagou o fogo da persistência em seu coração de guerreira. Ela continuou insistindo mesmo contra qualquer evidência de que sua causa não seria julgada.

Como a viúva soube esperar sem desanimar, assim também devemos fazer. O tempo não pode roubar a nossa fé, nem levar embora nossa esperança. Que o tempo apenas contribua para fazer as raízes da fé se aprofundarem mais e mais no coração, até transformarem nossos sonhos em realidade.

Quando Deus atrasa sua resposta ou é por que está esperando o tempo certo, ou por que tem algo melhor do que pedimos a oferecer; às vezes, as duas coisas. Todos conhecemos o sentimento de espera e frustração que vem quando o que desejamos parece estar bem longe do alcance, ou passamos por muita pressão. É quando precisamos lembrar que trabalhamos para Deus. É o Senhor quem está no comando e sabe exatamente o que está fazendo. Ele não se atrasará para atender à nossa causa, mas chegará na hora certa com a bênção esperada, proporcionando-nos maturidade e glória ao seu nome.

Ele está nos preparando para recebermos a bênção e amadurecermos espiritualmente. Quando você alcança a devida fé e a maturidade aguardada pelo Senhor, Deus concede o que você necessita. Testes e provações fazem parte desta vida, e qualquer um que prega e acredita de outra forma contradiz a Palavra de Deus. Ainda assim, é espantoso ver quantas pessoas deixam ou abandonam a igreja porque foram ensinadas que os filhos de Deus não passam por aflições, nunca ficam sem dinheiro, nem adoecem, e que a vida é fácil e sem problemas.

A fé genuína não nos livra das adversidades, mas é amadurecida à medida que resistimos e superamos os problemas. Lucas 18:8 nos diz que o Senhor nos fará justiça depressa, o que não significa que será hoje ou amanhã de manhã. Depressa quer dizer no tempo certo. E quando esse momento chegar, parecerá que foi da noite para o dia, pois a provisão divina geralmente acontece quando menos esperamos. Oramos por sete semanas, sete meses ou até mesmo sete anos, e, de repente, Deus faz tudo acontecer em sete minutos! Essa é a forma de Deus agir. O tempo dele não é o mesmo que o nosso, mas ele nunca se atrasa. No tempo certo a mudança virá.

Apesar de muitas vezes nos sentirmos frágeis como a viúva, tendo diante de nós adversidades a serem superadas, e tendo de perseverar mesmo quando se passa muito tempo, não estamos diante de um juiz iníquo que não quer nos atender. Se ela conseguiu prevalecer mesmo com tantos fatores contrários, muito mais nós, que buscamos justiça das mãos de um Deus que não tarda em socorrer-nos.

Perseverança nos ensina a não desistir dos propósitos de Deus, nem por incredulidade, nem desânimo ou dúvida. É isso o que a Bíblia chama de fé. Lance-se nos braços de Deus com confiança. Persevere, pois a persistência antecede o rompimento. Permita que a espera gere paciência, e que esta produza em seu coração uma fé genuinamente madura.

A fé e a peneira

> *Já estou crucificado com Cristo; e vivo, não mais eu, mas Cristo vive em mim; e a vida que agora vivo na carne vivo-a na fé do filho de Deus, o qual me amou e se entregou a si mesmo por mim. (Gálatas 2:20)*

Esse é um trecho de uma carta de Paulo, em que ele destaca a vida pela fé. Essa declaração deveria ser o hino de quem anda com Deus. Somos chamados a viver pela fé, e isso significa que não vivemos pelo que vemos, mas pelo que cremos. É fácil dizer, mas aplicar a teoria de forma prática em meio a um furacão é algo totalmente diferente. A fé pede resistência enquanto tudo em nós faz campanha pela desistência, calma quando não há motivo nenhum para estar calmo, confiança quando as ameaças são reais e eminentes, quando tudo ao redor está desmoronando, quando meus sonhos viraram pesadelos e quando aquilo que eu mais temia me aconteceu.

Todos nós experimentamos frustrações, desânimo e o sentimento de que não vamos conseguir, mas aí, vem a fé, assobiando despreocupadamente e nos garante que há vida após a tempestade. Vem a fé e nos dá esperança, a completa segurança de que nossas provações e nossos apertos são apenas temporários, e de que há uma vida maior, melhor e infinita mais à frente. E essa esperança nos renova, nos capacita a continuar, nos ajuda a não perder o foco, nos ensina que todas as coisas colaboram para o bem daqueles que amam a Deus, mesmo quando isso parecer pouco provável.

> *Simão, Simão, eis que Satanás vos reclamou para vos peneirar como trigo! Eu, porém, roguei por ti, para que a tua fé não desfaleça; tu, pois, quando te converteres, fortalece os teus irmãos. Ele, porém, respondeu: Senhor, estou pronto a ir contigo, tanto para prisão como para a morte. (Lucas 22:31-33, ARA)*

Jesus estava reunido com seus discípulos, quando revela a Simão Pedro que Satanás estava prestes a peneirá-lo como trigo. "Peneirar" vem da palavra grega *siniazo* e significa "agitar", "sacudir". Pedro seria moído, sacudido, como teste de resistência.

Nos dias de Jesus, colher trigo era trabalhoso. Primeiro, os colhedores juntavam as hastes de trigo colhidas no campo; depois, batiam as hastes contra uma superfície dura ou usavam animais para puxar um trenó de debulha por cima das hastes a fim de quebrá-las em pedaços. Esse processo separava os grãos da haste e o joio do trigo. Em seguida, os lavradores lançavam a mistura para o alto, e os grãos ou sementes inteiras de cereal caíam na eira, ao passo que o vento levava embora a palha. Por fim, os grãos eram bem peneirados para remover qualquer impureza.

Muitas vezes nos perguntamos por que servimos a Deus, buscamos sua justiça e ainda assim somos afligidos. Por que algumas coisas acontecem conosco causando dores profundas?

> *Deixai crescer ambos juntos até à ceifa; e, por ocasião da ceifa, direi aos ceifeiros: colhei primeiro o joio e atai-o em molhos para o queimar; mas o trigo, ajuntai-o no meu celeiro. (Mateus 13:30)*

Ele vai separar o joio e o trigo. A boa notícia é: o trigo é peneirado, o joio não! Se você está sendo peneirado, esse é um bom sinal: você não é joio.

Havia muita palha no caráter de Pedro, e ele não poderia ser quem foi chamado a ser sem passar pela peneira.

Com seu temperamento sanguíneo, explosivo, ele se destacava entre os discípulos. Era o cara que, numa rodinha, dominava as atenções, o que falava mais, e, consequentemente, o que errava e se precipitava mais, a ponto de ser exortado por Jesus. No entanto, por estar sujeito ao processo de transformação de seu caráter, Pedro se tornou um grande pregador.

O ponto aqui era que Pedro teria de pregar o que vivia e viver o que pregava. Jesus não queria um embaixador com mais carisma do que caráter.

Esse alerta nos faz pensar em alguém que no púlpito prega que é uma maravilha, mas longe do ministério parece outra pessoa. No dia a dia, faz fofoca, causa intriga, usa palavras ofensivas e de baixo calão, não respeita o marido, agride a esposa, xinga a mãe, mente, desonra os pais, se descontrola, tem o pavio curto... É um anjo até o momento que algo o incomoda, aí parece incorporar o demônio!

É aí que vem a peneira. E a peneira faz pensar, faz refletir, faz buscar comunhão com Deus. Pedro viveu o processo quando foi peneirado.

A origem do sofrimento de Simão Pedro era espiritual. Ele passava por um processo de transformação e viria a se converter ao reino de Deus, tornando-se um líder influente. Pedro não tinha ideia da grandiosidade de seu chamado, mas Satanás tinha. Por isso, creia que Deus te ama, e se você está passando pela peneira, que seja para sua glória!

Os críticos

Muitas vezes as pessoas que mais criticam são aquelas que menos sabem da situação, pois não trilharam o mesmo caminho das provas que o seu, não foram moldadas no fogo, não têm ideia do que você está passando. Então, antes de receber uma crítica, se pergunte se quem o critica já calçou seus sapatos, já passou pelo vale que você está atravessando, já fez o que você fez.

E antes de criticar, pergunte-se: "Eu já passei pelo que ele está passando?", "Já fiz o que ele fez?", "O que estou dizendo vai realmente ajudá-lo ou é só um palpite?"

Como é possível opinar se você mesmo não passou pelo teste? Jesus disse que só depois de termos passado pela provação é que poderemos fortalecer outras pessoas. A crítica é sinal de imaturidade. Ela nasce na falsa crença de que somos melhores do que os outros. Portanto, nunca julgue alguém cuja história não conhece. Você não tem ideia das cicatrizes que ele carrega, das lições que aprendeu ou da sabedoria que adquiriu.

O valor da fé

O valor da fé de Pedro seria comprovado quando, depois da peneira, ele continuasse crendo. Essa é a fé de boa qualidade, a fé que persevera.

Se você frequenta a igreja e continua queimando, a mensagem que você passa para Deus é que ele não é suficiente para você. A fé verdadeira exige exclusividade, pois Deus não divide sua glória com ninguém.

Se a sua esperança está em seres humanos, falhos como você, suas chances de frustração e decepção serão palpáveis. Humanos são instáveis, vulneráveis e inconstantes; te amam hoje, mas daqui dois dias te odeiam. Hoje eles estão ao seu lado e amanhã vão embora sem maiores explicações.

Você é limitado e, por mais preparado que esteja, vai esbarrar nesses limites. O que Deus pode fazer nem sempre ocorre como e quando imaginamos. A única maneira de se manter em pé é depositar toda a fé que está dentro de você em Deus. Essa fé não será vã. Sua crença e convicção em quem Deus é produzem saúde espiritual, inteligência emocional, equilíbrio e sobriedade necessários para se manter na corrida.

Então, no momento em que a adversidade atravessa seu caminho, sua fé é revelada e evidencia para os outros o favor e cuidado de Deus por aqueles que fazem dele sua Rocha e seu abrigo.

A confissão de fé será testada

Pedro nunca escondeu sua disposição de pagar o preço por amor a Jesus, pois ele não escondeu sua fé e declarou que se necessário fosse iria com Jesus até a prisão e a morte. Pedro fez declarações que agora estavam sendo provadas, pois a confissão de fé será testada. Assim como Pedro, precisamos estar preparados para conviver com o fato de que seremos peneirados, pois somos trigo. Com nossa convicção de fé, nos candidatamos às provações, por isso precisamos estar preparados para elas. Não saberemos o tamanho de nossa fé e nem quão forte ela é até que as provas cheguem. Enquanto isso, alimente sua fé e fortifique sua musculatura espiritual para enfrentar os dias ruins e as noites escuras da mesma forma que comemora os dias de festa e de alegria. Ao se preparar para as provações, você constrói um sistema de defesa para sua fé e sua aliança com Deus. Era exatamente isso o que Jesus estava fazendo com Pedro...

> *"Pedro, se prepara, vigia! Te chamei para orar comigo no Getsêmani e você estava sonolento, não pôde orar comigo uma hora sequer... Você está vulnerável, mas eu orei por você, para sua fé não desfalecer."*

Jesus disse a Pedro: "Quando te converterdes, confirma teus irmãos". Em outras palavras, ele disse o seguinte: "Pedro, tem muita coisa que precisa mudar aí, e quando isso acontecer, ensine teus irmãos." Ninguém tem o direito de ensinar o que não aprendeu. A autoridade não é plena até que tenhamos sobrevivido aos testes válidos para a nossa fé.

> *Amados, não estranheis a ardente prova que vem sobre vós, para vos tentar, como se coisa estranha vos*

acontecesse; mas alegrai-vos no fato de serdes participantes das aflições de Cristo, para que também na revelação da sua glória vos regozijeis e alegreis.
(1Pedro 4:12,13)

Isso não deveria ser surpresa. Pedro disse para não estranharmos quando as provas chegarem, porque os testes fazem parte do Reino de Deus neste mundo. Portanto, toda vez que enfrentar uma provação, tenha no coração a certeza de que isso é uma evidência de sua fé e de sua cidadania do Reino.Não existirão provações na vida que há de vir. Sua fé não será testada no céu, mas os testes nesta vida nos preparam para a eternidade. A cultura deste mundo tem a resposta certa para perguntas do tipo: "Por que isso está acontecendo comigo?", "Se você crê em Deus, por que está passando por isso?" Mas nossa resposta deve ser: "Isso não é nada, na verdade, é até normal para mim, pois é parte de minha cultura. É apenas uma situação passageira. Sou mais forte do que essas circunstancias."

Este é um testemunho verdadeiro para um mundo desesperado por respostas e esperanças!

Essa é a cultura do Reino

Certo dia, o ex-modelo internacional Fernando Fernandes visitou a Bola de Neve e contou seu testemunho. Ele, que já participou de um *reality show* na TV, deu um *show* na *reality*: após ter sofrido um grave acidente de carro que o deixou paraplégico, ele se perguntou "Por que não eu?". Hoje ele é um renomado atleta paraolímpico, tetracampeão mundial, tricampeão panamericano, tetracampeão sul-americano e tetracampeão brasileiro de paracanoagem! Você nunca mais deveria perder seu tempo questionando: "Por que eu?". Mude o seu foco e pergunte: "Por que não eu?".

Muitos têm a ideia equivocada de que confiança evita dificuldade e que Jesus os protege dos problemas. Esse é um conceito religioso. Se nos declaramos cidadãos do Reino, devemos estar preparados para provar nossa cidadania. Você tem de estar disposto a colocar sua cultura à prova.

Pedro sugeriu alegrar-se com a provação. Ele sabe exatamente o que significa ser peneirado. Foi humilhado, envergonhado, oprimido, negou o Senhor Jesus três vezes, desceu ao ponto zero, escondeu-se enquanto Cristo era crucificado. Pedro foi moído em suas convicções, triturado por seus medos e fracassou completamente, mas aprendeu o que só aprende aquele que passa pela peneira: vale a pena não desistir e perseverar. Devemos apenas crer.

Pela fé

Pedro disse que venceremos o mundo da mesma maneira e com o mesmo poder que Jesus. Nele, permanecemos firmes, alicerçados, resistentes e mais fortes do que antes. Assim, Deus é glorificado:

> *Se, pelo nome de Cristo, sois vituperados, bem--aventurados sois, porque sobre vós repousa o Espírito da glória e de Deus. (1Pedro 4:14)*

A glória de Deus tem a ver com a sua natureza, a qual é revelada em nós ao vencermos as provações. Deus não quer que sejamos desistentes porque a renúncia é algo alheio à natureza divina. Pela fé, permanecemos seguros, resistentes e comprometidos, enquanto o mundo observa a natureza de Deus revelada em nós.

Colocando a fé em prática

Uma das grandes ilusões do evangelho excessivamente focado nas bênçãos é a falácia de que, na vida com Deus, tudo vai dar certo. Prometem que as pessoas ficarão ricas, que nunca mais sofrerão, que não serão perseguidas e terão um *case* apenas de vitórias. É um discurso lindo, mas não é verdadeiro.

Deus é bom e tem muitas coisas boas para nos dar. Ele ama abençoar e galardoar seus filhos, mas tem, para cada um de nós, um plano específico, e trabalha para que estejamos aptos a manifestar seu Reino e materializar sua visão.

Tudo o que Deus faz é perfeito. Ele não erra. Porém, é necessário saber que, no processo de caminhada na fé, é comum sermos levados por Deus a extremos, simplesmente para que possamos aprender a colocar nossa fé em prática.

Por maior que seja a fé, todos estamos sujeitos a golpes desferidos pela vida. É exatamente aí, em momentos de crise e de falta de respostas, que mostramos do que somos feitos. Somente quando somos experimentados pela dor, angústia, sofrimento e decepção é que conheceremos a profundidade de nossas raízes e a força de nossa aliança com Deus. Assim, descobrimos até onde estamos dispostos a caminhar por fé.

As provas da fé

Agora importa [...] que estejais
por um pouco contristados com
várias tentações, para que a prova
da vossa fé [...] se ache em louvor,
e honra, e glória na revelação de
Jesus Cristo.

1Pedro 3:6,7

Fomos chamados a manifestar o Reino e o poder de Deus na terra. Independente da esfera onde atuamos, somos responsáveis por influenciar o cosmos com nossos dons e vocação. Como cristãos, temos a incumbência de refletir os céus e revelar ao mundo um Deus vivo que ama as pessoas sem distinção. Ele conta conosco para ser apresentado a este século. Nós somos o lugar onde ele habita, portadores da sua glória e presença, e chamados a nos tornamos canais pelos quais ele deseja fluir sua expressão. No entanto, entre o despertar para a missão e o estar preparado para cumpri-la há um caminho a ser percorrido. Quando Deus nos chama, nos insere em um processo de constituição e formação, que visa:

- nos aperfeiçoar e provar nossa fé;
- refinar e amadurecer nosso relacionamento com ele;
- apurar nossos dons;
- moldar nosso caráter;
- testar nossas convicções;
- matar em nós o que não se parece com ele;
- nos livrar de nossos limites, traumas e medos.

O modelo que Deus usou para projetar o ministério de Jesus se mostra um padrão, identificado e repetido, na vida de todos aqueles a quem ele chamou e escolheu. Antes de iniciar seu ministério e receber do Pai a autoridade para reproduzir os céus na terra, Jesus foi conduzido ao deserto. Ali ele foi tentado, provado e aprovado, então sua vitória o revestiu da autoridade e da fé necessárias para fazer o que via Deus fazendo e falar o que ouvia Deus dizendo.

Antes de Jesus ser elevado acima dos céus e receber o nível máximo de autoridade sobre o universo, ele precisou suportar a cruz e toda a dor e sofrimento físico, psicológico e emocional envolvidos em seu martírio. Assim como aconteceu com ele, também vemos esse modelo replicado na formação dos apóstolos. Não foi sem perseverança e muitas provas e sofrimento que a fé desses homens se desenvolveu e os fez alcançar níveis cada vez mais profundos de revelação e autoridade espiritual. No Antigo Testamento, vemos o mesmo na vida de todos aqueles que Deus usou. A fé de cada uma daquelas pessoas foi provada: Abraão, José, Moisés, Davi e tantos outros. Cada um dos grandes heróis da fé, sem exceção, foi colocado à prova, e cada uma delas aproximou os aprovados de Deus e os levou a novos patamares de intimidade com o Pai. Seria inocência acreditar que com você seria diferente.

Há coisas que você só revela para aqueles com quem tem intimidade. Meu nível de maturidade depende do amigo que está comigo, e quanto maior for minha proximidade com ele, mais à vontade me sinto. Eu tenho amigos e amigos, uns mais íntimos que outros. Minha esposa, sem dúvida, é a pessoa com quem mais tenho intimidade e com quem tenho amizade de um modo muito diferente e pessoal.

Quanto mais amigo eu for da pessoa, menos mimimi preciso ter com ela, assim como é com minha esposa. O mundo hoje está muito mimizento! Se você for dar um oi no WhatsApp, não pode escrever simplesmente "oi", tem que escrever "oiiiiiiii", senão vão falar que você foi seco...

Amigo não é aquele que enxuga as suas lágrimas, mas sim aquele que diz: "Se você ficar de mimimi por causa daquele *boy*, vou dar na sua cara!". É aquele que chega na sua casa e o Wi-Fi conecta automaticamente. É aquele que você confia para ir atrás de você para ver se a sua calça não está suja. É aquele, como ouvi uma vez, que diz "Cala a boca que você foi achado na lata do lixo!" e faz o outro rir. Esses são amigos íntimos de verdade! Da mesma forma que estabelecemos esse nível de intimidade com as pessoas, devemos fazer com Deus. Ele deve ser o nosso amigo mais íntimo. É somente através a intimidade com o Pai que teremos forças para vencer as provações que surgirão na árdua caminhada de amadurecimento da fé.

O propósito das provações

Bendito seja o Deus e Pai de nosso Senhor Jesus Cristo, que, segundo a sua grande misericórdia, nos gerou de

> *novo para uma viva esperança, pela ressurreição de Jesus Cristo dentre os mortos, para uma herança incorruptível, incontaminável, e que se não pode murchar, guardada nos céus para vós que, mediante a fé, estais guardados na virtude de Deus, para a salvação já prestes para se revelar no último tempo, em que vós grandemente vos alegrais, ainda que agora importa, sendo necessário, que estejais por um pouco contristados com várias tentações, para que a prova da vossa fé, muito mais preciosa do que o ouro que perece e é provado pelo fogo, se ache em louvor, e honra, e glória, na revelação de Jesus Cristo; ao qual, não o havendo visto, amais; no qual, não o vendo agora, mas crendo, vos alegrais com gozo inefável e glorioso, alcançando o fim da vossa fé, a salvação da alma. (1Pedro 1:3-9)*

Nessa passagem, Pedro fala sobre os benefícios das provações. Elas nos trazem esperança, estabilidade, maturidade, confiança, disciplina, sabedoria, resistência, perseverança, discernimento para enxergar as coisas do ponto de vista de Deus, poder e coragem.

Pedro cita que, quando resistimos aos testes, desfrutamos:

- de uma viva esperança;
- de uma herança incorruptível e incontaminável;
- da proteção da virtude de Deus;
- da alegria que transcende o sofrimento;
- da fé provada e aprovada;
- do amor profundo por Deus.

No entanto, o maior benefício de todos é a autoridade e a fé que só recebem aqueles que foram aprovados. Por meio das provações, chegamos a um lugar onde o nível de autoridade e fé é mais profundo. E para que você chegue a esse lugar, Deus vai provar a sua fé quantas vezes quiser, quando quiser e como quiser, não importa quem você seja.

As provas

O evangelho nutella ensina que o que importa é sua felicidade e bem- estar, e te promete uma vida sem dificuldades em que tudo vai acontecer como você deseja. O evangelho raiz, que é o de Jesus, te promete uma cruz.

A vida pela fé possui mistérios que não podem ser explicados. Constantemente enfrentaremos provações, circunstâncias e situações que desafiarão nossa confiança e estabilidade. Haverá épocas em que nos encontraremos em momentos de temor, desespero, caos e confusão, mas teremos de lidar com nossas dúvidas e questionamentos. Algumas vezes, nos sentiremos impotentes e imobilizados. Enfrentaremos inseguranças e tudo o que cremos será desafiado. Em outros momentos, seremos levados a extremos, a ponto de talvez nos perguntarmos se realmente existe um Criador amoroso que se preocupa com nossa situação. Por vezes, seremos golpeados onde não esperamos, surpreendidos por pressão sem precedentes e provados pelo fogo. A boa notícia, porém, é que se formos aprovados, como Deus espera que sejamos, estaremos nos qualificando para níveis mais elevados de autoridade e fé.

Sem autoridade e fé, não há como continuarmos a obra que Cristo começou, e para isso precisamos conquistá-las. A autoridade e a fé não surgem por inércia nem por tempo de igreja, pois são a recompensa para aqueles que resistem e permanecem, e não para os que desistem e retrocedem. Elas foram o resultado da resistência de Jesus no deserto.

Quando estiver passando por provações, lembre-se de que tudo na vida é temporário, menos o seu destino. Não tome decisões precipitadas que afetem o seu futuro. Para quem anda com Deus, a dúvida não é uma opção, e a fé é uma necessidade. Na dúvida, tenha fé! Um cidadão do Reino não se importa com a intensidade da provação. Mesmo que tudo vá mal, esse *tudo* é insignificante diante das realidades eternas.

Você pode até pensar que isso é muito lindo e não saber o que fazer com o medo, a ansiedade e a angústia que estão te dilacerando, mas lembre-se que se sua vida está nas mãos de Deus, não há o que temer, pois seu Reino é inabalável.

Se você deseja se livrar do medo, abra completamente o seu coração para o amor de Deus e permita que ele preencha e inunde sua alma. Ele é perfeito, e essa perfeição lança fora todo o medo. A fé lhe dará força para continuar, até que o processo esteja completo, e o propósito de Deus, cumprido. E enquanto isso não acontece, acredite que você irá vencer, pois Deus não permite que sejamos testados além da nossa capacidade de resistência. Ele distribui as provas de acordo com o que podemos suportar. Não há desculpas: suas provações nunca serão maiores do que você pode suportar.

Nesse processo, Deus também provará a veracidade de nossa fé. No meio da provação, a falsa fé pode tentar chamar a atenção e soar como real, mas nunca sobrevive às tribulações. Falar é fácil e, muitas vezes, superficial. A fé verbalizada precisa ser comprovada em testes reais, pois ela nunca irá tomar o caminho mais fácil. Jesus disse:

> *Entrai pela porta estreita, porque larga e a porta, e espaçoso, o caminho que conduz à perdição, e muitos*

são os que entram por ela; e porque estreita e a porta, e apertado, o caminho que leva à vida, e poucos há que a encontrem. (Mateus 7:13,14)

A fé genuína é muito mais que um conjunto de declarações de crença. Muito mais! Ela afeta não só a maneira como pensamos e cremos, mas também a forma como vivemos e agimos. As provações diferenciam o que é falso do que é verdadeiro, no que diz respeito à fé. O que é infundado não resiste.

O homem foi gerado para viver pela fé

Gênesis 1:26 diz que Deus criou o homem à sua imagem e semelhança. Isso significa que nós fomos criados para refletir o caráter e a natureza de Deus, e por termos sido criados à sua semelhança, fomos gerados para "funcionar" como Deus, ou seja, para operar pela fé, porque o Senhor é o Deus da fé. Foi ele quem criou o mundo, chamando a existência a partir do nada, de um ponto de partida sem forma e vazio.

Pela fé, entendemos que os mundos, pela palavra de Deus, foram criados; de maneira que aquilo que se vê não foi feito do que é aparente. (Hebreus 11:3)

O pecado diminui a fé

Uma das razões da falta de poder e autoridade na Igreja é uma liderança que oscila entre a paixão por Jesus e a pecaminosidade da carne. Então, líderes e suas Igrejas passam a se alternar entre momentos de extrema manifestação da glória de Deus e períodos de sequidão e céus fechados.

O pecado daquele que Deus ungiu e levantou para manifestar seu poder interrompe o fluxo de unção para aquela temporada. Por um tempo, por pura graça e compaixão do povo, Deus continua se derramando. No entanto, o pecado vai obstruir aquele canal, e até que ele esteja novamente limpo e restaurado, pela mesma graça e compaixão, a fé e a autoridade estarão comprometidas.

No começo, Adão e Eva viviam pelo que acreditavam, não pelo que viam. Eles mudaram quando desobedeceram a Deus e comeram o fruto da árvore do conhecimento do bem e do mal, que lhes era proibida. Seus olhos foram abertos à natureza do mal, mas sua capacidade de crer diminuiu. A fé não lhes era mais natural, e cada geração da humanidade que sucedesse a Adão e Eva também seria assim.

Fomos projetados a viver pela fé

Apesar de termos sido criados para cerer no que não vemos, a fé não é natural para nós. Sem o espírito de Deus agindo em nossa vida, não podemos alcançá-la, e, sem ela, nunca veremos o Reino de Deus.

Toda vez que tentarmos interagir com um ambiente diferente daquele para o qual fomos criados, o resultado será disfunção e ineficiência. Por exemplo, se tentarmos ficar muito tempo embaixo d'água morreremos, já os peixes foram criados para viver submersos, ao contrário de nós.

Fomos chamados para operar num ambiente de fé, e fora dessa espaço não funcionamos apropriadamente. A ausência de fé cria um vácuo que é rapidamente preenchido pelo medo e pela dúvida. O temor e a insegurança geram a preocupação, que se opõe à fé. Deus nos criou para vivermos pela fé, o que significa que, a menos que ajamos por ela, estaremos nos autodestruindo. Sem a fé, mergulhamos num mundo de preocupações, tormentos e depressão, que nos leva à autossabotagem. Paulo disse: "Porque andamos por fé e não por vista" (2Coríntios 5:7). É muito perigoso conduzirmos nossa vida com base naquilo que vemos, porque aquilo que enxergamos, na maioria das vezes, não é um quadro completo.

O medo e a dor nos cegam para as infinitas possibilidades que podemos chamar à existência. Já a fé, nos leva a interpretar os fatos sob o ponto de vista dos propósitos de Deus. Mesmo em meio às maiores tragédias, a fé nos ensina a perguntar como Deus transformará aquela maldição em bênção, onde nos levará e como se revelará em meio ao caos. A fé ancora nossa existência na verdade da palavra de Deus, e ela se torna para nós uma fundação inabalável.

Fomos projetados para viver pela fé. Isso significa não desistir quando fica muito difícil e a pressão se torna insuportável.

A fé não é uma opção, é uma condição

> *Mas o justo viverá da fé; e, se ele recuar, a minha alma não tem prazer nele. Nós, porém, não somos daqueles que se retiram para a perdição, mas daqueles que crêem para a conservação da alma. (Hebreus 10:38)*

A fé conserva a alma; a incredulidade a corrói. A fé que falha quando se depara com algum problema não é genuína, porque só a verdadeira fé acredita, apesar de todas as dificuldades. Ela não se encolhe na crise e nem estilhaça com a pressão.

Aqueles cuja fé se abala na adversidade correm o risco de serem destruídas. A fé é nossa proteção contra a destruição.

Nem todo mundo possui o mesmo nível de autoridade, intimidade e poder. Os que sobem mais alto são aqueles que continuaram crendo na Palavra de Deus e não negociaram sua fé nem duvidaram mesmo quando o mundo estava desabando ao seu redor e suas convicções estavam sendo provadas de forma intensa. Deus deseja realizar grandes coisas em nossas vidas, no entanto, unção e autoridade são frutos de santidade e fé aprovada pelas provas.

Deus escolheu, no Novo Testamento, homens a quem pudesse usar. Ele os treinou, capacitou e ensinou tudo o que precisavam saber, mas a autoridade e unção em suas vidas só foram plenas na medida em que a sua fé resistiu às perseguições, tribulações e todo tipo de dificuldade e afronta. A fé daqueles homens foi testada em limites extremos, mas essa fé aprovada os habilitou a carregar sobre seus ombros a glória de Deus.

O poder de uma ferida curada

A autoridade espiritual é, na verdade, liberada por meio das vitórias sobre as provações (assim como Jesus no deserto) e através da cura de nossas feridas. O que nos cabe saber é que só temos autoridade nas áreas em que vencemos, mas, para isso, precisamos ser provados e testados.

Só podemos curar outros se formos curados de nossas feridas, pois uma pessoa ferida não pode curar ninguém. Mas, se pelo poder que há no nome de Jesus ele for curado no mesmo lugar em que foi ferido, ele, então, receberá autoridade para curar os outros. Esse é o princípio que confere autoridade a Jesus.

Em João 16:33, Jesus diz: "No mundo tereis aflições, mas tende bom ânimo; eu venci o mundo". Em outras palavras, ele está dizendo o seguinte: "Eu passei por esse lugar que você está. Eu já estive aí, conheço sua dor, sei o que você está passando, mas eu venci e vou te tirar daí".

Aqueles que foram abusados sexualmente e foram curados dessa ferida terão compaixão daqueles que sofreram de igual modo. Alguém que teve seu casamento destruído pelo inferno e reconstruído por Deus terá autoridade e compaixão para restaurar outros casamentos. Pais que foram dilacerados pela dor da perda de um filho, mas foram sustentados por Deus, saberão como ministrar e ajudar outros pais em igual situação. Independente de qual for a sua luta, seja forte, pois a sua vitória sobre a provação será usada por Deus para abençoar a vida daqueles que passam pela mesma batalha.

Fé verdadeira

Fé não é o resultado de nosso "trabalho" ou esforço próprio; não é algo que podemos gerar por nós mesmos, pois é um dom de Deus (Efésios 2:8). Deus nos dá a fé pela revelação de si mesmo a nós, pois "todo aquele que vê o Filho e crê nele, terá sua vida eterna" (João 6:40).

Deus escolhe uma forma especial de se revelar a nós, e a nossa reação a essa revelação é o que chamamos de fé. Abraão, o "pai da fé", passou a crer exatamente da mesma forma. Primeiro, a palavra do Senhor veio até ele numa visão (Gênesis 15:1). Então, ele creu no Senhor, "que contabilizou isso para ele como justiça" (Gênesis 15:6).

Deus é o autor e consumador da nossa fé (Hebreus 12:2). Nossa fé começa com ele e é aperfeiçoada por ele à medida que ele mostra cada vez mais de si mesmo a nós. Em Romanos 10:17, lemos o seguinte: "A fé é pelo ouvir, e o ouvir pela palavra [do grego *rhema*] de Deus. A palavra grega usada aqui não é *logos*, que poderia significar a Bíblia, mas *rhema*, que significa aquilo que Deus efetivamente fala a nós.

Toda fé verdadeira é resultado da revelação de Deus, e não um exercício mental ou intelectual. Não podemos alcançá-la por nós mesmos. Memorizar versículos ou repeti-los constantemente não irá aumentar nossa fé, pois tudo isso é apenas um esforço totalmente ineficaz da carne e da mente humana para alcançar algo espiritual.

Quando usamos nosso esforço mental para tentar criar fé, na realidade, a prejudicamos, pois quando aplicamos nossa mente para tentar crer em algo e isso não se torna realidade, esse fato torna nossa vida espiritual mais imaginária e menos experimental. Nesse processo, muitos se desencorajam e até mesmo perdem a fé que tinham, pois uma vez que o que eles querem que aconteça não acontece, a esperança passa a dar lugar para a dúvida.

A verdadeira fé nasce de uma revelação dada por Deus, pois é uma convicção espiritual que recebemos à medida que respondemos positivamente a tudo o que ele está revelando a nós acerca de si mesmo.

Quando Jesus se revela a nós e cremos, nos tornamos "nascidos do alto" (João 3:3), filhos de Deus. Ainda assim, ele continua se revelando a nós a cada dia, de várias maneiras. A revelação que Deus faz de si mesmo a nós é um processo interminável, pois todos os dias ele está nos conduzindo mais e mais em direção à sua vontade. Ele continua falando conosco, continua revelando a si mesmo, sua vontade e direção. Nossa parte é crer e segui-lo no que ele está nos revelando.

A eficácia do ministério de Jesus estava em ouvir a voz de Deus constantemente, porque ouvi-la somente uma vez não é suficiente. Da mesma forma, nós também precisamos estar atentos à voz de Deus e ao que ele revela a nós. Se e quando percebemos que temos desobedecido a ele e não correspondido ao que ele tem revelado a nós, precisamos de arrependimento, voltar atrás, crer em tudo o que ele nos diz e começar a fazer sua vontade.

Além disso, a nossa fé não deve se basear em fatos, em verdades históricas acerca de Jesus. A verdadeira fé está baseada na Pessoa dele, e não em meros acontecimentos.

Fatos, mesmo aqueles comprovadamente históricos, não podem nos salvar, somente Jesus pode fazer isso. Versos bíblicos também não podem nos salvar, ao menos que Deus nos revele a si mesmo por meio deles. Somente Jesus pode nos salvar.

> *Porquanto a vontade daquele que me enviou é esta: que todo aquele que vê o Filho e crê nele tenha a vida eterna. (João 6:40)*

Ver Jesus nos transforma, pois recebemos sua própria vida.

O poder transformador do evangelho

Um evangelho que enfatiza a crença em fatos, credos e doutrinas, é um evangelho intelectual, conceitual, com pouca ou talvez nenhuma experiência com o Cristo ressurreto.

O evangelho de Jesus pede intimidade, relacionamento genuíno, por meio do qual entendemos o que ele está dizendo e fazendo todos os dias, e nós correspondemos a essas revelações através da fé. Dessa forma, caminhamos com ele e ele conosco.

Se verdadeiramente nos entregarmos ao seu amor, sua graça e poder, esse evangelho gera mudança de vida, libera o poder que nos liberta de quem somos e do que somos, nos capacita a amar como ele amou, a andar como ele andou e a fazer coisas iguais ou maiores às que ele fez.

Nunca teremos todas as respostas

A vida é feita de alegrias e tristezas, vitórias e derrotas, ganhos e perdas, notícias boas e ruins. Todos os dias somos surpreendidos por surpresas agradáveis e grandes decepções. Por mais preparados que acreditemos estar, por maiores que sejam as milhas caminhadas com Deus, por mais sólida que seja a visão, temos, invariavelmente, nossa fé provada por fatores que não controlamos.

Você adormece bem para acordar com uma notícia que vai virar sua vida de ponta-cabeça. Se vê refém de situações e pessoas, cercado e sitiado por todos os lados, acuado, lutando contra a velha natureza que aguarda ocasião certa para ressuscitar, e só o que te resta é a fé e a voz de Deus que te diz para esperar e não desfalecer enquanto espera. No processo, você se sente envergonhado, humilhado, derrotado, desrespeitado, afrontado. Quer reagir, mas a impressão que tem é que Deus quer te levar como ovelha ao matadouro, assim como Jesus, que, diante de seus agressores e perseguidores, se manteve em silêncio.

Às vezes, tomamos certas atitudes que dão vontade de ir ao cartório para assinar um atestado de trouxa, como numa situação que presenciei. Certa vez, ouvi uma conversa entre dois irmãos que brincavam com a situação de um deles que havia sido enganado por um terceiro; um perguntou para o outro: "Qual o seu signo?", ao que o outro respondeu: "Sou de otáries!".

E é assim mesmo. Você se vê sufocado, mas não dá nem para chutar o pau da barraca porque sua aliança com Deus é tudo o que você tem e você não vai quebrá-la. Você não tem essa opção. Quando se tem uma aliança com Deus não se tem alternativa, e mesmo que você levante da cama com vontade de dizer: "Hoje eu acordei querendo ser vida loka", o máximo que você vai fazer é pipoca sem tampa!

Em momentos assim nos sentimos cansados, esgotados, exauridos, com vontade de sumir e ir morar no mato, numa barraca, cultivando vegetais e criando galinhas, sem pressão. Diante de tantas variáveis, como encarar com confiança cada prova e ter um testemunho de fé para contar no final, assim como aconteceu com Daniel no episódio da cova dos leões? Lembremos dessa história:

A Bíblia nos conta a história de Daniel, um profeta que vivia uma vida de serviço a Deus, de busca sistemática e constante, de entrega, rendição e fidelidade a Deus e a seus propósitos. Apesar disso, ele foi conduzido por guardas a uma cova de leões, sentenciado à morte por uma armação de seus inimigos que invejavam seu sucesso (Daniel 6:4-17). Por quê? Que sentido pode haver na penalidade a um homem íntegro, de caráter, que ama a Deus e guarda seus mandamentos? Essas dúvidas certamente devem ter se passado pela cabeça de Daniel, mas ele não tinha respostas para elas.

Se quisermos construir uma vida sólida e significativa, precisamos admitir o mistério. Temos de aceitar o fato de que nunca saberemos tudo que gostaríamos de saber. Muitas situações estarão sempre fora do alcance da nossa compreensão, e algumas questões, eternamente além do nosso entendimento. A humildade e a fé, no entanto, nos ajudarão a lidar com as surpresas da vida.

A vida nos surpreende e situações inesperadas acontecem! O que você faria se tivesse acabado de se casar e seu cônjuge morresse subitamente? Como agiria se o seu pai tirasse a própria vida? E se você descobrisse, depois de 30 anos, que aquela que exerceu a função materna não é a sua mãe biológica? E se sua irmã fosse prostituta? E se o seu irmão revelasse que ele tem um relacionamento secreto com outro homem? E se sua casa pegasse fogo? E se o seu filho nascesse morto? E se você perdesse as economias de toda sua vida, ou os investimentos de sua empresa? Como você lidaria com essas tragédias?

Algumas pessoas insistem em ter respostas para tudo. Elas acham que nenhuma área do conhecimento está além da compreensão humana. Nossa insaciável busca pelo entendimento e pela sapiência é perfeitamente normal até certo ponto, pois nosso Criador nos criou naturalmente curiosos no que diz respeito a nós mesmos e ao ambiente que nos cerca, mas, ainda assim, não temos respostas para tudo.

Nem tudo é culpa nossa

Há fatos na vida pelos quais não somos responsáveis. Imagine, por exemplo, que seu cônjuge decida deixá-lo. Você pode implorar, chorar, negociar, prometer coisas e orar, mas se a outra parte estiver realmente determinada, não há nada que se possa fazer. E se o seu filho estiver usando drogas? Você pode conversar, brigar com ele, castigá-lo e exortá-lo com a Bíblia, mas não tem controle das decisões que ele toma. Não importa quanta orientação damos aos nossos filhos, eles ainda assim tomarão decisões estúpidas e cometerão erros bobos que poderão gerar terríveis consequências.

Nenhum de nós pode manter as atitudes dos outros sob controle, nem mesmo as daquelas pessoas que estão mais próximas de nós.

Podemos ensiná-las nossos valores, deixá-las conhecer as nossas vontades e até mesmo orientá-las segundo o nosso ponto de vista, mas, no fim, elas sempre escolherão os próprios caminhos e assumirão a responsabilidade por suas escolhas. Há circunstâncias que não podemos deter. Seria o mesmo que estar em cima dos trilhos e tentar parar o trem com a mão levantada.

Não importa o quão preparados estamos para as contingências da vida; há sempre a possibilidade de que uma adversidade surja de onde menos se espera e nos atinja. Algumas vezes, fazemos o melhor que podemos, mas, mesmo assim, algo ruim acontece. E, nessas horas, precisamos nos lembrar de que nós não somos responsáveis por tais situações, mas somente pela maneira como respondemos a elas.

Uma vez que aceitamos essa vulnerabilidade, o que nos resta? Nos resta a fé. Deus nos criou com a capacidade de crer. Fomos moldados para viver por fé, e o Criador espera uma grande fé das pessoas que ele criou à sua própria imagem e semelhança, pois ele vê a fé como o ingrediente mais importante na terra.

Quando, porém, vier o Filho do Homem, porventura, achará fé na terra? (Lucas 18:8)

Sua fé é tão forte quanto os testes aos quais ela sobrevive. Você é tão forte quanto o que pode erguer. Por isso, nunca se vanglorie de sua musculatura espiritual, a menos que a tenha testado antes. Seus braços podem estar levantados hoje em adoração a Deus, mas a fé verdadeira só pode ser demonstrada se esses braços continuarem erguidos quando sua fé for provada e testada.

É fácil dizer que Deus é bom quando as coisas andam bem, mas e nos tempos difíceis? O que dizer dos períodos de vacas magras, quando não conseguimos pagar as contas, quando vemos nossos sonhos e projetos se desintegrando? Diante dessas circunstâncias, você ainda é capaz de dizer que Deus é bom?

Da mesma forma que fez com Jó, o Senhor consente que a nossa fé seja testada para ver se realmente permanecemos firmes. Deus abençoou Jó grandemente, mesmo que tenha permitido que Satanás o despojasse de tudo o que ele tinha — família, dinheiro, saúde — para verificar se sua fé resistiria ao teste.

Se você diz crer, ele testará sua confiança, a fim de que você mesmo e as outras pessoas confiram se ela, de fato, é real. O propósito do Senhor com isso não é humilhá-lo ou envergonhá-lo, mas sim ajudá-lo a crescer, pois ele sabe que uma fé sem provações não é válida e não significa muita coisa.

O propósito da fé

Nossa fé é testada não apenas para demonstrar a consistência da nossa confiança em Deus, mas também para revelar o motivo por trás dela. Se você diz "Eu confio em Deus", por qual motivo você confia nele? É por causa de quem ele é ou por que espera que ele o ajude a sair de uma complicação?

No Reino de Deus, assim como em qualquer nação, a crença nas promessas e nos privilégios constitucionais só podem ser verificados quando as circunstâncias exigem que se coloque uma demanda no sistema. O teste da fé no Reino de Deus se dá por meio de situações que geram uma oportunidade para que se valide a confiança nos sistemas do Reino. Para Daniel, a cova dos leões foi uma oportunidade, um motivo, para provar sua fé e para que Deus demonstrasse a eficácia de seu poder.

Tudo o que fazemos é gerado por um motivo. Toda atitude humana, não importa o quanto declaremos o contrário, é produto de um motivo. A vida depende de motivação para fazer sentido, e quando não há causa, não há paixão, não há energia. Fazemos tudo por uma razão, e é isso o que nos move. O motivo é tão importante na questão da fé porque ele nasce de nossas crenças e convicções.

Qual o seu motivo para buscar a Deus?

Vendo, pois, a multidão que Jesus não estava ali, nem os seus discípulos, entraram eles também nos barcos e foram a Cafarnaum, em busca de Jesus. E, achando-o no outro lado do mar, disseram-lhe: Rabi, quando chegaste aqui? Jesus respondeu e disse-lhes: Na verdade, na verdade vos digo que me buscais não pelos sinais que vistes, mas porque comestes do pão e vos saciastes. Trabalhai não pela comida que perece, mas pela comida que permanece para a vida eterna, a qual o Filho do Homem vos dará, porque a este o Pai, Deus, o selou. (João 6:24-27)

As pessoas procuravam por Jesus não por ele ser quem era, mas sim pelo que ele poderia fazer por elas. Jesus podia alimentá-las, podia curar suas doenças, podia expulsar o demônio da vida delas. As motivações dessas pessoas eram individuais e Jesus sabia disso.

Seu motivo revela a qualidade e a natureza de sua fé. Deus prometeu que nos abençoaria e que nos daria o que precisássemos, mas as bênçãos não devem ser o motivo de segui-lo. Se ele não nos der o que necessitamos exatamente hoje, o que faremos? Daremos as costas e procuraremos outras coisas ou continuaremos seguindo Jesus mesmo não sendo abençoados? Qual será a nossa motivação? Este é o questionamento sobre a fé genuína: podemos seguir a luz mesmo no escuro?

> *Trabalhai não pela comida que perece, mas pela comida que permanece para a vida eterna, a qual o Filho do Homem vos dará. (João 6:27)*

Em outras palavras, Jesus diz que não devemos desperdiçar nossa fé em circunstâncias temporais, mas, sim, depositá-la nele.

Jesus Cristo é o único objeto de nossa fé fidedigno e seguro — não suas bênçãos, suas provisões, suas curas, mas o próprio Jesus.

Fé em Deus, e não no que ele pode fazer

Da mesma forma que a multidão procurou por Jesus em Cafarnaum anos atrás em busca de alimento, muitas pessoas hoje o seguem apenas por suas bênçãos. Essa é uma fé frágil, que não se sustenta e não te prepara para a noite escura.

Você confia em Deus porque ele cura as pessoas, mas continuará confiando quando a cura não acontecer? Você acredita no Senhor porque ele provê o equilíbrio das suas finanças, mas permanecerá crendo quando o mês acabar e você não tiver em mãos o suficiente? Você sabe que Deus protege seus filhos, mas vai continuar crendo se eles se rebelarem contra você ou se afastarem de Deus para se aproximar do mundo?

Onde está a sua fé, depositada em Cristo ou no que ele pode fazer por você? No Reino de Deus, a fé esta muito mais ligada à Pessoa de Deus do que às bênçãos que ele pode conceder.

A resposta de Jesus à multidão provocou alguns questionamentos (João 6:28-33). As pessoas ficaram confusas. Na verdade, elas disseram a Jesus:

> "Bom, se não podemos segui-lo por causa dos pães, dos peixes ou de qualquer outra coisa de que possa prover-nos, o que temos de fazer?"

E a resposta para elas foi:

> "É simples: creiam naquele que Deus enviou. Não acreditem no pão, nem no peixe, nem nos milagres. Não coloquem suas expectativas naquilo que sou capaz de fazer, porque talvez as coisas não aconteçam da maneira que vocês esperam."

O propósito de Deus é sempre maior do que qualquer uma de nossas perspectivas e circunstâncias pessoais. Essa é uma das razões pelas quais o Senhor nos chama a confiar nele, e não em suas obras.

As pessoas que cercaram Jesus naquele dia compararam a multiplicação do pão e do peixe com a experiência dos israelitas no deserto, quando o maná veio dos céus para alimentá-los. Ao que tudo indica, elas estavam tentando convencer Jesus de que os israelitas seguiram Moisés por causa dos milagres: a provisão do maná após a libertação da escravidão do Egito e o mar Vermelho se abrindo. Jesus argumentou lembrando-os de que o maná não viera de Moisés, mas de Deus, e que independente das eventualidades, eles deveriam confiar nele.

Dívidas são passageiras. O Senhor pode prover a quitação das dívidas ou mantê-las para nos testar e verificar se continuaremos em paz com ele, mesmo cheios de contas para pagar. Esse é o motivo pelo qual Jesus nos fala para não colocarmos a fé nas bênçãos dele, mas na Pessoa dele.

Os dois tipos de pão

> *E Jesus lhes disse: Eu sou o pão da vida; aquele que vem a mim não terá fome; e quem crê em mim nunca terá sede. (João 6:35)*

Há dois tipos de pão sendo discutidos aqui: o primeiro é o "pão da bênção", tal como o maná, o pão oferecido à multidão no deserto; o segundo é o pão da vida, que é o próprio Senhor que veio dos céus. Ambos os pães vieram do mesmo lugar, os céus, contudo, o "pão da bênção" é temporário. Por isso, não devemos pensar em satisfazer-nos apenas com este tipo de pão, mas alimentar-nos diariamente do pão da vida.

Quem procura as mãos, nunca terá a face, mas quem procura a face, encontra as mãos. Não coloque sua fé nas bênçãos, mas na Fonte das bênçãos.

Há pessoas que focam sua fé no "pão", e não no "Padeiro". Em vez de buscarem o regozijo do espírito, simplesmente tentam manter o estômago cheio. Em vez de confiarem naquele que traz a eterna salvação, confiam nas coisas que nunca trazem satisfação plena.

A essência da fé genuína é confiar na fonte. Na condição de cidadãos do Reino, nosso dever é crer, obedecer e servir ao Rei. A parte dele é cuidar de nós. Isso é o que Jesus quis dizer quando advertiu:

> *Não andeis, pois, inquietos, dizendo: Que comeremos ou que beberemos ou com que nos vestiremos? (Porque*

todas essas coisas os gentios procuram.) Decerto, vossa Pai celestial bem sabe que necessitais de todas essas coisas; mas buscai primeiro o Reino de Deus, e a sua justiça, e todas essas coisas vos serão acrescentadas. (Mateus 6:31-33)

Não devemos buscar ao Senhor por causa do que podemos obter dele, pois a fé genuína está baseada na confiança no Rei, e não no seu favor, e deve se manter firme não só durante os dias bons, mas também durante os dias difíceis.

Muitos pensam que se estão enfrentando tempos difíceis, sua fé não é suficiente, e isso não é verdade. A fé genuína não nos poupa das adversidades, mas protege-nos quando atravessamos os períodos de crise. Jesus falou sobre a fé construída a partir da confiança plena na Palavra:

Todo aquele, pois, que escuta estas minhas palavras e as pratica, assemelhá-lo-ei ao homem prudente, que edificou a sua casa sobre a rocha. E desceu a chuva, e correram rios, e assopraram ventos, e combateram aquela casa, e não caiu, porque estava edificada sobre a rocha. E aquele que ouve estas minhas palavras e as não cumpre, compará-lo-ei ao homem insensato, que edificou a sua casa sobre a areia. E desceu a chuva, e correram rios, e assopraram ventos, e combateram aquela casa, e caiu, e foi grande a sua queda. (Mateus 7:24-27)

Os testes, provações e tempestades não devem ser encarados como desgraça, mas como oportunidades de crescimento e desenvolvimento da fé, pois todos eles demonstram o nosso alicerce espiritual.

Jesus advertiu:

Tenho-vos dito isso, para que em mim tenhais paz; no mundo tereis aflições, mas tende bom ânimo; eu venci o mundo. (João 16:33)

Eis que vos dou poder para pisar serpentes, e escorpiões, e toda a força do Inimigo, e nada vos fará dano algum. (Lucas 10:19)

Às vezes, ouvimos perguntas do tipo: "Se Deus é tão bom, por que isso está acontecendo com você?" Jesus respondeu a essa questão. Deus não nos poupa das dificuldades da vida porque somos cidadãos do Reino, mas permite tempestades a fim de testar e refinar nossa fé.

A maturidade é fruto de perseverança diante das adversidades que moldam e amadurecem nosso caráter.

Aprendendo com a experiência de Daniel

Como você se sentiria se estivesse no lugar de Daniel e lhe dissessem que, por causa de sua obediência fiel a Deus, você seria jogado em uma cova cheia de leões famintos?

Talvez Daniel tenha orado e esperado que um anjo o salvasse antes de entrar na cova, mas nenhum anjo apareceu. Pode ser que ele tenha pensado que seria transportado sobrenaturalmente até um lugar seguro, sumindo diante dos olhos do rei Dário e de sua corte, mas nada disso aconteceu também. Enquanto o levavam em direção à cova dos leões, é provável que tenha passado pela cabeça dele que Deus o salvaria durante o percurso, livrando-o dos homens e libertando-o. Isso, porém, também não ocorreu.

Quando Daniel ouviu o rugido dos animais, pode ter começado a se perguntar onde estava o Senhor. Porém, no momento em que foi jogado na cova e se viu cercado pelos leões, descobriu o lugar no qual Deus se encontrava: bem ali, na cova, junto a ele!

O Senhor tinha enviado um anjo à frente para fechar a boca dos animais de forma que nada de ruim lhe acontecesse. Ele salvou Daniel, mas o profeta teve de passar pelo processo de acusação e punição, indo parar na cova das feras, sem que soubesse o resultado de antemão. Daniel teve de mudar o foco de confiança, do que Deus poderia fazer para Deus em si.

A visão de Daniel em relação à fé genuína é rara, pois muitas das nossas crenças contemporâneas provêm de uma visão superficial da fé que foca, basicamente, em uma ação", e não na fé permanente e superadora. Essa fé não bíblica é um sentimento baseado no desejo de escapar dos problemas, das provações e dos testes, em vez de focar na ideia de confronto, persistência e superação das adversidades, a fim de provar a eficácia do poder do Rei e do Reino.

Precisamos da fé de Daniel para estabelecer o Reino no mundo hoje, reverter as maldições em bênçãos, crescer e desenvolver nossa fé e para que nossas impossibilidades sejam o palco perfeito para a manifestação da glória de Deus, assim como aconteceu com ele:

> *E, pela manhã cedo, se levantou [o rei] e foi com pressa à cova dos leões. E, chegando-se à cova, chamou por Daniel com voz triste; e, falando o rei, disse a Daniel: Daniel, servo do Deus vivo! Dar-se-ia o caso que o teu Deus, a quem tu continuamente serves, tenha podido*

livrar-te dos leões? Então, Daniel falou ao rei: Ó rei, vive para sempre! O meu Deus enviou o seu anjo e fechou a boca dos leões, para que não me fizessem dano, porque foi achada em mim inocência diante dele; e também contra ti, ó rei, não tenho cometido delito algum. Então o rei muito se alegrou em si mesmo e mandou tirar Daniel da cova; assim, foi tirado Daniel da cova, e nenhum dano se achou nele, porque crera no seu Deus. E ordenou o rei, e foram trazidos aqueles homens que tinham acusado Daniel e foram lançados na cova dos leões, eles, seus filhos e suas mulheres; e ainda não tinham chegado ao fundo da cova quando os leões se apoderaram deles, e lhes esmigalharam todos os ossos. Então, o rei Dario escreveu a todos os povos, nações e gente de diferentes línguas, que moram em toda a terra: A paz vos seja multiplicada! Da minha parte é feito um decreto, pelo qual em todo o domínio do meu reino os homens tremam e temam perante o Deus de Daniel; porque ele é o Deus vivo e para sempre permanente, e o seu reino não se pode destruir, e o seu domínio é até o fim. (Daniel 6:19-26)

CAPÍTULO 7

Fé e perseverança

*Esperei com paciência pelo
Senhor, e ele se inclinou para
mim e ouviu o meu clamor.*

Salmos 40:1

Será que temos realmente esperado com paciência no Senhor? É certo que ele se inclina para ouvir nosso clamor, quanto a isso não temos dúvidas, mas a ansiedade e a angústia nascem nesse "esperei com paciência".

Somos a geração mais afetada pela tecnologia na história da humanidade. Até três séculos atrás, antes da Revolução Industrial, a humanidade entendia que entre o plantar e o colher havia o esperar. A partir daí, desaprendemos gradualmente a virtude da paciência. Estamos acelerados como em nenhuma outra era. A ideia de desperdiçar tempo é absurda numa cultura de produção, metas e gerenciamento de tempo. Queremos tudo acontecendo no nosso tempo e do nosso jeito. Oprimimos a nós mesmos quando nossas expectativas em Deus não se cumprem na hora que marcamos em nossas agendas, mas a ansiedade nada pode fazer por nós, além de diminuir nosso tempo na terra. Precisamos nos render ao fato de que Deus tem seus meios e o seu tempo, e que espernear e nos deprimirmos não vai acelerar o processo.

> *E eis que chegou um varão de nome Jairo, que era príncipe da sinagoga; e, prostrando-se aos pés de Jesus, rogava-lhe que entrasse em sua casa; porque tinha uma filha única, quase de doze anos, que estava à morte. E, indo ele, apertava-o a multidão. E uma mulher, que tinha um fluxo de sangue, havia doze anos, e gastara com os médicos todos os seus haveres, e por nenhum pudera ser curada, chegando por detrás dele, tocou na orla da sua veste, e logo estancou o fluxo de sangue. E disse Jesus: Quem é que me tocou? E, negando todos, disse Pedro e os que estavam com ele: Mestre, a multidão te aperta e te oprime, e dizes: Quem é que me tocou? E disse Jesus: Alguém me tocou, porque bem conheci que de mim saiu virtude. Então, vendo a mulher que não podia ocultar-se, aproximou-se tremendo e, prostrando-se ante ele, declarou-lhe diante de todo o povo a causa por que lhe havia tocado e como logo sarara. (Lucas 8:41-47)*

A história dessa mulher é narrada em três, dos quatro evangelhos: em Marcos 5, Mateus 9 e Lucas 8. Lucas era médico e companheiro do apóstolo Paulo em suas viagens. Sabemos isso porque na carta que escreveu aos colossenses, o apóstolo diz: "Saúda-vos Lucas, o médico amado" (Colossenses 4:14). Além de médico, Lucas também pesquisava sobre a vida e a obra de Jesus. Pela sua formação, sua investigação foi minuciosa.

Para escrever sobre a vida de Jesus, Lucas fez uma pesquisa detalhada, consultando o que já havia sido escrito e conversando com testemunhas oculares do ministério de Jesus (Lucas 1:1-4). Dos quatro evangelhos, o de Lucas é o que mais faz referência a assuntos médicos e às curas operadas por Jesus. É Lucas também que nos oferece mais detalhes sobre o nascimento de Cristo.

Há também em seus registros, um destaque dado à transformação de pessoas. Dentre as muitas histórias de pessoas que tiveram suas vidas trasnformadas quando se encontraram com Jesus, temos:

- a de Zaqueu, o cobrador de impostos,
- a do ladrão arrependido;
- a parábola do filho pródigo,
- a parábola do bom samaritano;
- a história do leproso curado e cheio de gratidão.

Nesse episódio da mulher com fluxo de sangue, Jesus está no auge de seu ministério e sempre cercado de uma grande multidão. Depois de libertar o gadareno, ele tomou um barco de volta para a outra margem do mar da Galileia. Ali, Jesus foi recebido por uma multidão que o aguardava, e logo ao descer do barco foi abordado por um homem chamado Jairo, um importante líder religioso.

Jairo prostrou-se aos pés de Jesus e clamou por ajuda. Sua filha, que tinha doze anos, estava doente. Jesus imediatamente o acompanhou, e no caminho, se desenha o cenário para o desdobramento da história que lemos.

A mulher com fluxo de sangue

Nessa passagem, nem o nome, nem a idade da mulher são citados. O que sabemos é que ela era vítima de uma enfermidade incurável e há doze anos estava doente. E como se seu sofrimento físico não fosse suficiente, ela ainda lidava com o estigma imputado pela religião. Para uma visão mais ampla, precisamos entender as dificuldades femininas na observância da lei do Puro e do Impuro daqueles dias, segundo o judaísmo.

Na Israel do Antigo Testamento, a mulher, pelo simples fato de estar em seu período menstrual, já era colocada em condição de separação e impureza. Segundo a lei de Moisés, esse fluxo de sangue tornava a mulher cerimonialmente impura. Ela era repudiada, excluída da sociedade, afastada de sua casa, banida dos locais mais desejados, não poderia ir ao Templo e nem participar das festas. Ela tinha de ficar afastada!

Ainda segundo a Lei, a cidade ou as aldeias deveriam ter um local reservado fora da cidade, um arraial cercado e separado para que as mulheres pudessem passar os dias do ciclo ali, distantes dos familiares até que sua imundície terminasse. Esse arraial era conhecido como "Arraial das impuras".

Toda mulher nessa período fica mais debilitada, o que é normal, pois com a eliminação do sangue e dos fluídos corporais o organismo enfraquece. Imagine, então, como fica uma mulher que passa por esse processo de forma contínua há doze anos! Por se tratar de uma hemorragia constante, a mulher do fluxo de sangue sofria de uma perda considerada excessiva para o organismo.

Pessoas como ela eram socialmente excluídas, e sobre isso a Bíblia relata:

Mas a mulher, quando tiver fluxo, e o seu fluxo de sangue estiver na sua carne, estará sete dias na sua separação, e qualquer que a tocar, será imundo até à tarde.
(Levítico 15:19)

Também a mulher, quando manar o fluxo do seu sangue, por muitos dias fora do tempo da sua separação ou quando tiver fluxo de sangue por mais tempo do que a sua separação, todos os dias do fluxo da sua imundícia será imunda, como nos dias da sua separação.
(Levítico 15:25)

A mulher com fluxo de sangue vivia como se carregasse no pescoço uma placa que dizia "Mantenha distância". Naquela condição, ninguém que quisesse participar da adoração a Deus poderia se aproximar dela.

Financeiramente quebrada

Lucas quebra o decoro e a ética profissional para denunciar a situação financeira daquela mulher, que havia investido todo seu patrimônio na busca pela cura, consultando diversos médicos (Lucas 8:43). Além de vítima de uma doença incurável, de ser inadequada para a religião e rejeitada pela sociedade, ela também era financeiramente falida.

Alguém que nunca teve muito conforto e posses aprende a ser feliz com o que tem, mas quem teve os benefícios de uma vida economicamente estável e perde tudo sofre bastante para se adaptar e tentar recomeçar. No caso dela, nem esse recomeço seria possível; ela estava fadada a viver o resto de sua vida contando com a ajuda e misericórdia dos outros e as lembranças dos dias em que ela mesma ajudava os outros. Não haveria guarita para ela, entre os que idolatram a vida social e cultuam o *status* e o dinheiro.

Ela precisava encontrar amor incondicional, não o amor interesseiro, que dá para receber, pois não tinha mais nada para dar além de sua fé. Porém, numa sociedade capitalista, movida por consumo e comércio, onde tudo tem seu preço, que valor teria uma mulher naquelas condições?

Sua condição emocional

Imagine que aquela mulher não podia ser tocada, e nos últimos doze anos de sua vida foi rejeitada. O que uma experiência como essa, de rejeição, faz com a alma de alguém? Ela viu pessoas que amava se afastarem e a abandonarem. Perdeu relacionamentos que a faziam se sentir aceita, aprovada, pertencente a alguém, parte de uma família. Nos primeiros anos da doença, alimentou a esperança de ficar boa logo e retornar para o convívio da sociedade, mas depois de muita expectativa frustrada, coisas foram morrendo dentro dela, e, sem alternativas, se conformou com o abandono, a solidão e o isolamento.

Esse sentimento é diferente da solitude, a reclusão voluntária, por privacidade e em busca de tempo para si mesmo. O que aquela mulher experenciava é o sentimento de ter sido esquecida, de não ter valor para ninguém. Isolada, angustiada, sofrendo, depressiva, sentia falta de um abraço, de um elogio, de um amigo, e esperava uma intervenção divina que quebrasse aquele ciclo espiral de destruição e perdas. Ela tinha de lutar para não se tornar amarga, pois enfretava situações reais muito duras.

Esterilidade

Na Israel do Antigo Testamento, a mulher que não gerava filhos era considerada amaldiçoada (1Samuel 1:15) e logo teria de dividir seu marido com uma concubina (Gênesis 16:1-3). Naquele tempo, todas as mulheres tinham o sonho de ser mãe, mas ela estava excluída, pois a doença a deixou estéril (Isaías 7:14).

Exclusão e solidão

Pelo fato de sua doença caracterizá-la como imunda, essa mulher era tratada de modo semelhante ao leproso, pois, assim como eles, também não podia entrar em repartições públicas. Ela devia ouvir sempre, em alto e bom som, os terríveis gritos: Imunda! Imunda! E por, naquela época, acharem que sua doença era consequência de pecados, ela era discriminada também por isso.

Depressão

Sem esperança, sem visão e sem expectativa de um futuro melhor não há prazer em viver. Não há alegria, não há sorriso, a alma adoece. Não há disposição, e, por mais que se tente reagir, é como lutar para sair da areia movediça.

Hoje, a depressão é considerada a doença do século, mas pode ser tratada. Pelas informações veiculadas sobre ela, uma pessoa deprimida terá, neste século, todo o suporte e paciência necessários para sua recuperação. Mas na Israel do Antigo Testamento, como era? Aquela mulher certamente sofria de depressão e nem tinha a chance de tratar desse problema, pois ela não tinha contato com ninguém e ninguém estava disposto a se tornar imundo para cuidar dela.

O que a fé fez por ela?

Não há nada mais ilógico do que esperar mudanças sem se posicionar e dar os passos que Deus te pede para dar. A pobre mulher do fluxo de sangue não tinha nada nem ninguém com quem pudesse compartilhar sua dor, mas a sua fé a salvou. No momento certo, ela reagiu e tomou uma atitude para conseguir o que tanto desejava: sua cura. Ela poderia continuar presa naquela situação, acomodada e conformada. Poderia escolher não reagir e tirar escritura de posse na terra da sua aflição. No entanto, ao ouvir falar que Jesus estava na cidade, foi ao seu encontro.

A mulher do fluxo de sangue foi curada porque tomou uma atitude. A fé não é uma experiência estática, ela exige movimento e ação. Aquela mulher não se importou com ninguém, nem com o constrangimento que poderia ter por estar sangrando no meio da multidão. Ela simplesmente focou em Jesus e ignorou qualquer obstáculo, porque seu único desejo era encontrar-se com ele.

Você precisa escolher o que vai te influenciar. Se olhar para Jesus, vai encontrar amor, esperança, perdão, misericórdia, aceitação, poder para transformar maldição em bênção. Se olhar para as dificuldades e problemas, sua fé será afetada por desilusão, pessimismo, desânimo e desespero.

> *Olhando para Jesus, autor e consumador da fé, o qual,*
> *pelo gozo que lhe estava proposto, suportou a cruz,*

desprezando a afronta, e assentou-se à destra do trono de Deus. (Hebreus 12:2)

Sua fé foi maior que seus medos

A mulher do fluxo de sangue considerou em seu coração que bastava tocar na orla das vestes de Jesus que seria curada, mas como aproximar-se dele sem contaminar a multidão? E o que faria a multidão se descobrisse que uma mulher imunda havia saído no meio do povo e deliberadamente tocou e se esbarrou em todos? E se ela fosse reconhecida por alguém que soubesse da sua condição? Alguns historiadores estimam que a multidão era de quase 30 mil pessoas. Se alguém a notasse, ela seria apedrejada até a morte.

Não temas, porque eu sou contigo; não te assombres, porque eu sou o teu Deus; eu te esforço, e te ajudo, e te sustento com a destra da minha justiça. (Isaías 41:10)

Ela venceu as dúvidas, levantou-se de seu lugar e partiu para a ação, saiu do "Arraial das imundas". Mesmo com pouca força, entrou no meio da multidão, se arrastou e seguiu adiante. Mesmo com tantas dificuldades, com tantos empurrões, ela perseverou e tocou na orla das vestes de Jesus. No mesmo instante, o fluxo de sangue cessou. Ela estava curada!

Se não der para correr, se arraste, mas não desista. É mais difícil insistir do que desistir. A desistência sempre seduz o desistente apresentando suas facilidades, mas raramente o mais fácil traz consigo a melhor recompensa. Se você voltar atrás agora, nunca saberá o que teria sido se tivesse perseverado.

Quem me tocou?

Jesus podia distinguir um toque de fé de um toque casual. De repente, ele para em uma das estreitas ruas de Cafarnaum e faz uma pergunta que parecia uma piada: "Quem me tocou?"

Uma multidão apertava Jesus e os discípulos! Os discípulos olharam uns para os outros sem entender nada... Sério mesmo que Jesus estava perguntando aquilo? Devia ser algum treinamento para ensiná-los sobre revelação, só pode! Com tanta gente ali, umas mil pessoas devem tê-lo tocado nos últimos trinta minutos.

Qual era a diferença entre os esbarrões e apertões da multidão e o toque daquela mulher? Jesus insiste e explica que sentiu que dele saiu poder (Lucas 8:46). Que tipo de toque é esse que faz sair virtude de Jesus? Não era um toque qualquer, não era o toque de quem se aproxima por curiosidade. Não era o toque de alguém que se aproxima como se Jesus fosse um canivete suíço, um instrumento que de alguma forma lhe será útil. Era o toque de alguém que confia e que colocou em Jesus toda a sua esperança.

> *[...] ouvindo falar de Jesus, veio por detrás, entre a multidão, e tocou na sua vestimenta. Porque dizia: Se tão somente tocar nas suas vestes, sararei. (Marcos 5:27, 28)*

Era o toque de quem fez de Jesus sua salvação, de quem confia no seu amor e em seu poder.

A reação de Jesus

Com essa pergunta, Jesus expõe a mulher abertamente diante da multidão ali presente. Por quê? Por que ela não podia simplesmente ir embora curada? Mais do que curá-la, Jesus queria restaurá-la.

A obra que ele tem a realizar em nossas vidas é completa. Ele vai restaurar cada área da sua vida, uma a uma, no tempo determinado por ele, nem antes, nem depois. Ele se envolve com nossas demandas, conhece nossas necessidades, enxuga nossas lágrimas. Ele é um Deus pessoal, que se importa, que conhece você pelo nome. Como um pai que ama, ele tem planos para o seu futuro.

Ao expor a mulher, Jesus inicia, em etapas, um processo de restauração completa. Qualquer outro rabino teria ficado furioso ao saber que uma mulher com fluxo de sangue o havia tocado, afinal, ele ficaria "contaminado", teria que se lavar, lavar sua roupa e ficaria impuro até a noite. Entretanto, com Jesus aconteceu o inesperado. Ele não ficou impuro, mas curou a mulher da sua impureza.

> *Então, vendo a mulher que não podia ocultar-se, aproximou-se tremendo e, prostrando-se ante ele, declarou-lhe diante de todo o povo a causa por que lhe havia tocado e como logo sarara. (Lucas 8:47)*

Quando Jesus chama a atenção de todos para o fato que a mulher fora curada, ele a liberta da prisão do isolamento social e a insere novamente na sociedade. Pense em alguém surfando em *pipeline*, entre os locais havaianos, tomando um caldo épico, se arrebentando todo. Agora Jesus vem, para o *crowd* no *outside*, e diz: "Ninguém rema, a próxima onda é dela!"

Mais do que a curando, Jesus a estava adotando. Ela teria seu respeito, sua dignidade e seu autovalor restaurados. Toda a vergonha e humilhação estavam se convertendo em honra, sua reputação estava sendo reconstruída. Da mesma forma, ele deseja restaurar seu casamento, seu relacionamento com seus filhos, sua autoestima.

Com aquela pergunta, Jesus estava dando à mulher a oportunidade de se identificar. Era uma resposta à pergunta que ela e muitos de nós fazemos quando somos descaracterizados pelas lutas: "Quem sou eu?" Se Jesus a deixasse ir sem ser notada, ela sairia fisicamente curada, mas sua alma continuaria arruinada pela rejeição, pela vergonha e pelo medo, e ela continuaria sem identidade. Ele, no entanto, a chama de filha.

Em Jesus ela se encontrou

Aquela mulher pretendia tocar nas vestes de Jesus e sair de costas, andando para trás que nem o Michael Jackson fazendo *moon walk* — ou que nem o meu cunhado, Pr. Giba, quando não quer pagar a conta no restaurante —, mas Jesus não permitiu. Ele não havia terminado o trabalho. Ela havia perdido o amor próprio e sua dignidade estava jogada no lixo havia doze anos. Não há nada pior do que tentar se esconder de si mesmo e Jesus não queria mais que isso acontecesse.

Há muitos anos, lembro-me de ministrar, junto com minha esposa, para uma menina que havia se tornado viciada em crack. No banheiro da garagem de seu prédio, ela gritava, em crise: "Cadê Deus?!". Então, minha esposa pegou um espelho, colocou na frente dela e disse: "Você é a imagem e semelhança de Deus". Quando ela se viu no espelho, entrou em desespero e saiu correndo, tamanho foi o impacto que sentiu com aquela revelação. Quando você se esconde de si mesmo, acaba se esquecendo de quem é e do quanto vale para Deus. Ele, porém, não se esquece. Você deveria parar de se esconder e dizer: "Fui eu, Senhor! Fui eu quem te tocou!".

Testemunho

Jesus deu àquela mulher a oportunidade de testemunhar. Quando ela levanta a voz, meio trêmula, assustada no meio da multidão, e diz: "Fui eu, Senhor, quem te tocou", os relacionamentos familiares e interpessoais dela começaram a ser restaurados, e ela voltava a ser respeitada.

Sabe quando você se sente excluído e esquecido pelos demais? Jesus vem e lhe espalda, então você volta a ser notado e a ter a confiança das pessoas. Pode ser que você esteja com seus relacionamentos partidos. Deus quer restaurar sua vida e lhe devolver para as pessoas que te amam e que são importantes para você.

Sua relação com Deus pode ser restaurada

Aquela mulher tinha muita fé, mas sua relação com Deus era inexistente. Sua forma de se relacionar com o Senhor precisava ser ajustada e redefinida. Ela andou de cabeça baixa pelas ruas da cidade, no meio da multidão. Mal olhava para cima para não ser reconhecida. Só via a orla da roupa de Jesus. Não havia a ideia de um relacionamento com ele. Contudo, o evangelho de Marcos nos dá um detalhe interessante: ela aproximou-se de Jesus por detrás dele (Marcos 5:27).

Ela queria a cura, mas não imaginou a possibilidade de se tornar amiga de Jesus, de ter sua vida transformada e se relacionar com Deus de forma íntima e verdadeira. Porém, vamos considerar o fato de que

Deus já havia preparado aquele encontro e que já estava cuidando dela há muito tempo. Por quê?

Quando uma mulher menstrua, seu fluxo de sangue diário pode chegar a 50 mL por dia. Partimos do ponto de que o corpo humano tem de 5 a 6 litros de sangue e pode corresponder a 7% do peso de alguém. Sabendo que o organismo do ser humano pode renovar em torno de 100 mL por mês e que essa mulher tinha um fluxo diário de 50 mL, dentro de, no máximo, 120 dias ela perderia todo o seu sangue, e este seria um período para se renovar somente 400 mL de sangue.

Resumindo, em, no máximo, dois meses, ela estaria morta. Como um corpo viveria com apenas 2 litros e meio de sangue? Fizemos um cálculo aproximado aqui, mas e se ela tivesse mais de um fluxo de sangue por dia? Aí o tempo de vida seria menor ainda.

A mulher do fluxo de sangue já era um milagre vivente, pois Deus estava constantemente renovando o sangue dela, aguardando o dia em que ela pudesse ver a sua glória. Aquele encontro estava agendado por ele. Da mesma forma, Deus está te guardando e te protegendo há muito tempo, respondendo suas orações e te livrando de coisas que você não tem ideia, pois os anjos te blindaram. Ele está esperando a oportunidade de se revelar e se relacionar contigo também de forma pessoal. Talvez você esteja refém de um problema sem solução por muito tempo, talvez por anos, mas hoje ele está te dizendo: "Se creres, verás a glória de Deus!" (João 11:40).

A restauração à sua disposição

Não por acaso, a filha de Jairo tinha doze anos e a mulher com fluxo de sangue sofria com a doença há doze anos. São símbolos de Israel,

(12 tribos) e da Igreja (12 apóstolos). O povo de Israel estava sangrando, sofrendo com o fardo da religião, mas poderia ser curado. A menina de doze anos representava a futura igreja que, até aqui, estava morta espiritualmente, mas iria ressuscitar.

Não importa há quanto tempo você anda com Deus, seu relacionamento pode ser restaurado. Nesse dia, haverá refrigério e alegria, não mais esgotamento e cansaço. Tome hoje uma decisão, se mova em direção a ele, toque-o com fé e dele sairá virtude.

> *Eis que a mão do SENHOR não está encolhida, para que não possa salvar; nem o seu ouvido, agravado, para não poder ouvir. (Isaías 59:1)*

Fé + perseverança = sobrenatural!

> *E se [os justos] estão presos em grilhões e amarrados com cordas de aflição, então, lhes faz saber a obra deles e as suas transgressões; porquanto prevaleceram nelas. E revela isso aos seus ouvidos, para seu ensino, e lhes diz que se convertam da maldade. (Jó 36:8-10)*

Poucos na narrativa bíblica conheceram tão profundamente o sofrimento como Jó. Poucos também foram tão beneficiados pelo sofrimento como ele. Depois de lidar com prejuízos financeiros e falência, a dor indescritível de perder seus entes queridos, de ser fustigado em sua carne até o ponto de ser deformado por enfermidades, Jó escreve sobre sua experiência e reconhece como o sofrimento pode nos tornar pessoas melhores.

Os ouvidos de quem sofre são mais sensíveis à voz de Deus. O sofrimento cria um contraste entre os males causados pelo pecado e a alegria de tê-los perdoados. Esse raciocínio acompanhou também líderes que foram considerados pais da Igreja, nos primeiros séculos e na era da Reforma:

> *"Considero uma parte da infelicidade não conhecer a adversidade, julgo que você é miserável, porque você não foi infeliz." (Jerônimo)*

> *"Nada me parece mais infeliz do que aquele a quem nenhuma adversidade aconteceu." (Demétrio)*

> *"Nesta doença, eu aprendi como Deus é grande, e qual é o mal do pecado. Eu nunca soube o que Deus era antes, nem o que significava o pecado antes." (Gaspar Olevianus)*

Para os hebreus e os gregos, o conceito de que sofrimento traz ensino é o mesmo, pois este último é o fim do primeiro. O coração endurecido pelo pecado é derretido pelo sofrimento!

Os problemas abrem os olhos dos homens e as aflições possuem um papel didático nos planos de Deus. Ele ensina o aflito sobre as consequências da soberba, da incredulidade, da rebelião e do desprezo à sua palavra e à sua vontade. Por aflições, angústias e pressão, Deus nos ensina a enxergar o pecado como ele realmente é e o repudiar, e a buscar sua presença e seu perdão.

Certa vez, quando meu filho Rinaldo Neto tinha uns dez anos, ele ficou com a avó enquanto eu e minha esposa fazíamos uma de nossas muitas viagens ministeriais. Em uma daquelas noites, ela perguntou a ele se ele já tinha tomado banho, ao que ele disse que sim. Porém, quando ela se aproximou, percebeu que ele havia apenas colocado o pijama. Ela, então, insistiu para que ele fosse para o chuveiro, e ele foi. Por causa de um problema com as roldanas da porta de correr do box, o vidro estourou e ele sofreu pequenos cortes. Assustado, ele imediatamente se ajoelhou no chão, preocupado com o sangue que escorria pelos cortes, e disse: "Deus, me perdoa! Eu nunca mais vou mentir!" O pecado nunca é tão amargo e a presença de Deus tão importante como quando nossos problemas são maiores que nossa capacidade de solucioná-los.

A mulher cananeia

> *E, partindo Jesus dali, foi para as partes de Tiro e de Sidom. E eis que uma mulher cananeia, que saíra daquelas cercanias, clamou, dizendo: Senhor, Filho de Davi, tem misericórdia de mim, que minha filha está miseravelmente endemoninhada. Mas ele não lhe respondeu palavra. E os seus discípulos, chegando ao pé dele, rogaram-lhe, dizendo: Despede-a, que vem gritando atrás de nós. E ele, respondendo, disse: Eu não fui enviado senão às ovelhas perdidas da casa de Israel. Então, chegou ela e adorou-o, dizendo: Senhor, socorre-me. Ele, porém, respondendo, disse: Não é bom pegar o pão dos filhos e deitá-lo aos cachorrinhos. E ela disse: Sim, Senhor, mas também os cachorrinhos comem das migalhas que caem da mesa dos seus senhores. Então, respondeu Jesus e disse-lhe: Ó mulher, grande é a tua fé. Seja isso feito para contigo, como tu desejas. E, desde aquela hora, sua filha ficou sã. (Mateus 15:21-28)*

Jesus deixa a região da Galileia e se dirige para um país estrangeiro, Tiro e Sidônia, e ali se encontra com uma mulher cananeia desesperada e implorando pela cura de sua filha.

A mulher cananeia era considerada estrangeira. Os judeus viam os estrangeiros como idólatras e corruptos em seus costumes, por isso usavam o termo "cachorros" para designar os gentios.

Jesus era judeu, e seus discípulos eram judeus, assim como todos os seus seguidores. Jesus tinha vindo para os judeus, mas a partir da visão dada por Deus a Pedro, o evangelho começou a ser pregado também aos gentios. Para se referir a esse povo, ao qual pertencia a mulher estrangeira, Jesus usa o termo "cachorros", mas o aplica no diminutivo para que não soasse ofensivo. De qualquer maneira, era costume de seu povo usar essa palavra para referir-se aos gentios.

Sua ascendência

As cidades de Tiro e Sidom estavam localizadas na Fenícia, atualmente o Líbano, ao norte da Galileia. Desde 64 a.C., a Fenícia estava anexada à Síria. Sidom ficava aproximadamente a 32 km de Beirute, capital do Líbano. Tiro era muito famosa na antiguidade, pois os fenícios dominavam o mundo da navegação.

No passado, os reis de Tiro haviam feito uma aliança com Davi e Salomão, cujo acordo enviaria madeira e mão de obra especializada para a construção do templo. Em contrapartida, Salomão enviaria para o rei Hirão e seus sucessores mantimentos e cereais que a população de Tiro precisava. As consequências desse acordo foram catastróficas para Israel, pois Etbaal, sucessor de Hirão, fez essa aliança com Israel através do casamento de sua filha Jezabel com o rei Acabe. Foi

Jezabel quem introduziu o culto a Baal entre os Israelitas, o que levou à ira divina e, consequentemente, aos cativeiros assírio e babilônico.

Logo, aquela mulher cananeia vinha da descendência histórica de povos que trouxeram muito sofrimento ao povo de Israel.

Sua aflição

A mulher cananeia estava aflita e desesperada por causa da enfermidade de sua filha e desejava ardentemente que ela fosse liberta desse mal. No entanto, ela sabia que aquela aflição estava sendo causada por um demônio, um espírito maligno! Ela, provavelmente, devia ter investido tempo e recursos na tentativa de salvar a filha, e já havia se frustrado o suficiente para saber que essa luta não poderia ser vencida no campo natural. Ela entendia que havia ali uma influência espiritual, e que ninguém, a não ser Jesus, poderia reverter aquela situação.

Há guerras que você vence com trabalho, dedicação, esforço e perseverança, mas há outras em que essas armas naturais são totalmente inúteis. Quando o problema bate à nossa porta, ficamos ansiosos para que ele seja resolvido.

Mas há que se considerar que somente na aflição temos uma mudança de pensamento e de atitude. As lutas moldam o nosso caráter e nos preparam para receber as bênçãos que Deus tem para cada um de nós. Por isso, não é incomum sermos levados por ele a lugares onde nossas possibilidades se esgotam. Enquanto há no homem chances e alternativas, seu esforço será aplicado em alcançar o que pode ser alcançado, mas e quando a resposta está fora do seu alcance? Quando os médicos, os advogados, os amigos nada podem fazer, o que fazer?

Esse é o lugar em que a prepotência esfarela, a vaidade e o orgulho evaporam, o ego soberbo e independente se rende à necessidade de buscar a Deus, a quem nada é impossível. Pais que amam seus filhos farão de tudo para suprir suas necessidades e garantir seu bem-estar, sua felicidade e seu futuro, e foi isso o que aquela mulher havia feito. Ela queria ver sua filha brincando saudável e alegre, assim como as outras crianças. Mas, agora, a mulher cananeia estava quebrantada, com o coração apertado, pois alguém a quem ela muito amava estava sofrendo e era impossível para ela não sofrer junto. Nesse momento, ela aposta todas as suas fichas, deposita toda a sua fé, em Jesus e naquilo que ela ouviu dizer que ele era capaz de fazer. Ela decide arrancar dele uma provisão sobrenatural.

Sobrenatural *versus* evangelho racional

O cristianismo começou com milagres e é propagado por meio de milagres. Cada novo nascimento é um milagre, cada resposta de oração é um milagre, cada vitória sobre a tentação é um milagre. Quando a razão toma o lugar do milagre, o cristianismo perde sua essência, seu fascínio e sua capacidade de dar frutos, pois o cristianismo bíblico é sobrenatural. Não podemos viver um cristianismo filosófico, apenas teórico, que apresenta um Deus poderoso no passado.

O evangelho não é uma lista de regras e exigências religiosas a serem cumpridas, mas o poder de Deus, como está escrito:

> *Porque não me envergonho do evangelho de Cristo, pois é o poder de Deus para a salvação de todo aquele que crê, primeiro do judeu e também do grego. (Romanos 1:16)*

A intolerância das pessoas ao evangelho acontece quando ele é apresentado apenas como um agente de transformação moral. Esse evangelho, sem poder, aponta, acusa, condena, sentencia e tenta consertar o que está torto, para que se possa conhecer a Deus. O evangelho com poder, no entanto, apresenta a Deus, e ele mesmo é quem vai corrigir o que precisa ser corrigido.

O homem anseia por um Deus que opera de forma sobrenatural, um Deus vivo. Toda ação de Deus é sobrenatural, tudo o que ele fez e fará está acima do natural. A Bíblia é um livro de milagres, que conta a história do rompimento entre a dimensão sobrenatural e a natural. Quando Jesus começou seu ministério público, ele era baseado em milagres. Quando a Igreja começou o seu ministério, ele também era um ministério de milagres. Todo reavivamento desde o Pentecostes tem sido um reavivamento de milagres.

O homem foi criado por um Deus que opera milagres. Esse elemento milagroso está no homem, e ele anseia por operar milagres e viver na atmosfera do sobrenatural. A esfera milagrosa é o habitat natural do homem — ele é, por criação, o companheiro de um Deus Pai operador de milagres.

No princípio, o espírito do homem era a força dominante no mundo. Quando ele pecou, sua mente tornou-se dominante, pois o pecado extinguiu o espírito e coroou o intelecto, mas a graça está restaurando o espírito para seu lugar de domínio, e quando o homem chegar a reconhecer o domínio do espírito, viverá sem esforço na dimensão do sobrenatural. A fé já não será um esforço e uma luta, mas um viver inconsciente na dimensão de Deus. Precisamos deixar que a revelação da Palavra de Deus entre em nossos corações, no profundo do espírito, porque nossa mente natural não pode aceitar as coisas do Espírito de Deus, que só são discernidas espiritualmente.

Deus Pai trabalha por e com seus filhos

Pedi, e dar-se-vos-á; buscai e encontrareis; batei, e abrir-se-vos-á. Porque aquele que pede recebe; e o que busca encontra; e, ao que bate, se abre. E qual dentre vós é o homem que, pedindo-lhe pão o seu filho, lhe dará uma pedra? E, pedindo-lhe peixe, lhe dará uma serpente? Se, vós, pois, sendo maus, sabeis dar boas coisas aos vossos filhos, quanto mais vosso Pai, que está nos céus, dará bens aos que lhe pedirem? (Mateus 7:7-11)

Vamos supor que seu filho esteja queimando de febre. Se você pudesse curá-lo, o curaria? O pai que ama o filho diz: "Eu preferia que essa dor estivesse em mim, e não nele". Foi exatamente isso o que Jesus fez.

Diante desse pensamento, podemos perguntar: "Se Deus é capaz de nos dar o que pedimos, então, por que ele já não faz o que eu preciso?" A resposta é a seguinte: Deus é onipotente e Todo-poderoso, mas ele só irá fazer aquilo que você permite que ele faça em sua vida. Deus responde à fé.

Alguns argumentam que, sendo Deus onipotente, ele pode fazer com que as pessoas façam o que ele quer, mas, se fosse assim, ele faria com que todos os pecadores fossem salvos! Deus deu ao homem livre-arbítrio, e, por isso, ele não violará a vontade das pessoas.

Deus não pode fazer em sua vida nada que você não permita. Você tem um papel a desempenhar para gerar a ação de Deus, então faça a sua parte. Jesus disse: "Pedi, e dar-se-vos-á; buscai, e encontrareis; batei, e abrir-se-vos-á" (Mateus 7:7). Peça. Bata na porta. O sofrimento faz nascer a fé, e a fé produz o sobrenatural.

A mulher cananeia fez a parte dela, e sabe qual foi a resposta de Jesus? O silêncio.

> *Ele, porém, não lhe respondeu palavra. (Mateus 15:23, ARA)*

Jesus não lhe deu resposta alguma! O que ela consegue até aqui não é a ajuda imediata: ela tem de lidar com o silêncio.

O que se passa em nossas mentes quando Deus fica em silêncio? Passamos a achar que ele não se importa conosco, que não nos ama. A mesma coisa se passou pela cabeça da mulher cananeia. Ela teve de lidar com os pensamentos mais confusos.

Jesus não apresentou nenhum motivo, mas ela conhecia aqueles fatores históricos, étnicos, culturais, religiosos, econômicos e políticos, que poderiam ser citados. Em sua mente, haviam muitas razões para Jesus ignorá-la.

Por que o silêncio?

Se Jesus atendeu ao pedido de um centurião e pregou para uma samaritana, que não era do povo judeu, pois os samaritanos haviam se misturado com outros povos, por que, então, o silêncio?

O silêncio poderia significar que Jesus estava dizendo que ainda não havia chegado a hora de atender aos gentios, mas também era uma forma de mostrar o abismo que os separava, criado pelos argumentos que lhe eram contrários. Para superar esse abismo, a mulher cananeia teria de vencer as barreiras psicológicas em sua mente e romper em fé, ou seja, crer apesar das evidências.

Era como se Jesus estivesse perguntando a ela: "Qual o tamamho da sua fé? Entre você e a cura e libertação da sua filha há todos esses argumentos e bloqueios. Sua fé é grande o suficiente para atravessá-los?"

A mesma coisa acontece conosco. Deus depende da nossa fé para agir na terra! Ele quer fazer coisas grandes, mas, para isso, precisa encontrar em nós uma fé grande. Seu silêncio é uma das maneiras de desenvolver a nossa fé. Vou continuar crendo mesmo quando Deus está em silêncio?

A ansiedade dificulta a comunhão e o medo obstrui o canal de comunicação com Deus porque simplesmente não conseguimos ouvir a sua voz. A impressão que passamos a ter é que Deus nos abandonou e está muito distante de nós, de nossos problemas e dificuldades. No entanto, o objetivo do Pai é usar a instrumentalidade da aflição para amadurecer e aprimorar o filho. As adversidades nos ensinam a confiar em Deus, a buscá-lo, e a nos entregar a ele por completo. A mulher cananeia não se intimidou diante da aparente indiferença de Jesus, pois ela sabia que só ele poderia dar a resposta que ela tanto precisava. Não se intimide diante do silêncio de Deus.

O clamor que nasce na alma

Independente do silêncio, aquela mulher continuou clamando. Sua fé não seria vencida assim tão facilmente. Seu clamor foi tão intenso que incomodou os discípulos! Tudo indica que ela gritou, buscou, insistiu e se expôs ao extremo para que sua filha fosse curada.

Muitas vezes, temos vergonha de expor aquilo que está nos afligindo, e guardamos dentro do coração por meses e anos uma luta que deveríamos entregar para Deus, nos expondo diante dele, clamando por socorro. Ficamos preocupados com o que os outros vão dizer ou pensar, mas aquela mulher não estava nem aí para o que os discípulos ou as pessoas à sua volta estavam falando ou pensando. Ela só queria uma solução para o problema da sua filha e não quis aceitar um não como resposta. Ainda assim, ela precisou ouvir mais uma objeção de

Jesus, que respondeu: "Não fui enviado senão às ovelhas perdidas da casa de Israel" (Mateus 15:24).

Apesar da fé demonstrada até aqui, nada parece ter mudado. A situação era a mesma. Jesus diz para ela que ele havia sido enviado para os judeus, e não para ela e sua filha, que eram estrangeiras. Ela poderia ter desistido e se revoltado, mas faz algo que a leva a um lugar mais próximo de ter seu pedido atendido: ela adorou e perseverou (Mateus 15:25).

A adoração espiritual e verdadeira que Deus procura nasce quando o adoramos, mesmo quando as circunstâncias são contrárias e aparentemente não temos motivos para adorá-lo. A mulher cananeia reagiu à aparente rejeição de Jesus com a adoração e humilhação, e não com a murmuração vazia e inútil.

> *Os sacrifícios para Deus são o espírito quebrantado; a um coração quebrantado e contrito não desprezarás, ó Deus. (Salmos 51:17)*

> *Perto está o SENHOR dos que têm o coração quebrantado e salva os contritos de espírito. (Salmos 34:18)*

Nossa atitude deve ser de total dependência a Deus e ao seu poder.

A mulher cananeia encarou a provação da maneira correta: adorando, dando graças a Deus e louvando numa atitude de quebrantamento, e não de orgulho. Mas a resposta de Jesus foi a seguinte:

> *Não é bom pegar o pão dos filhos e deitá-lo aos cachorrinhos. E ela disse: Sim, Senhor, mas também os cachorrinhos comem das migalhas que caem da mesa dos seus senhores. (Mateus 15:26,27)*

Este foi, sem dúvida, o teste final. Com essa frase, Jesus estava dizendo que os judeus deveriam se alimentar primeiro para depois darem de comer aos estrangeiros. Por ser de outra nacionalidade que não judia, ela deveria esperar.

Ela poderia xingar Jesus, desprezá-lo, ficar brava e irritada, mas, em vez disso, continuou a revenciá-lo e não se deixou abalar ou abater diante das palavras aparentemente contrárias a ela. O teste produziu fé.

Então, respondeu Jesus e disse-lhe: Ó mulher, grande é a tua fé. Seja isso feito para contigo, como tu desejas. E, desde aquela hora, a sua filha ficou sã. (Mateus 15:28)

A fé conduziu a mulher cananeia pelo caminho da salvação, e a fez perseverante e longânima. A fé a segurou pela mão e a ajudou a subir cada degrau até o lugar de revelação e resposta. Pela fé, aquela mulher alcançou a graça, a misericórdia, a compaixão e a admiração de Jesus.

Quando Pedro andou sobre as águas, Jesus considerou sua fé pequena. Essa mulher, porém, ouviu de Jesus que sua fé era grande, pois, ao contrário de Pedro, cuja fé foi influenciada pelas circunstâncias, a fé da mulher cananeia foi perseverante, pois ela não teve medo. Desespero e desistência não são alternativas para quem crê. Se há fé, há tudo o que Deus precisa para se revelar de modo sobrenatural.

Jesus não teve mais o que dizer. A fé da mulher cananeia atingiu o coração misericordioso em cheio, e a um coração quebrantado, ele não despreza (Salmos 51:17).

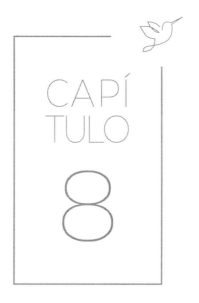

A recompensa da fé

Ora, sem fé é impossível agradar-lhe
[a Deus], porque é necessário que
aquele que se aproxima de Deus creia
que ele existe e que é galardoador
dos que o buscam.

Hebreus 11:6

Hebreus 11 é o capítulo da Bíblia que define a fé como o principal veículo de comunicação entre os homens e Deus. O versículo acima garante recompensa para aqueles que, independente das circunstâncias, permanecem crendo.

Nem sempre é fácil proteger a fé e mantê-la inabalável. Nessa vida, há eventos que desorganizam nossas convicções, há circunstâncias que abalam nossas certezas, há decepções que dificultam a expectativa e a esperança. Quando você escolhe a fé, essa posição será atacada e você precisa saber como se proteger e reagir, para não desistir de seu propósito. Dentre tantas histórias bíblicas onde a fé foi recompensada, vamos extrair lições da vida de um rei chamado Ezequias.

Ezequias foi o 13º rei de Judá e, segundo a Bíblia, reinou por um período de 29 anos, tendo assumido o trono aos 25 anos de idade. Sua história é tão importante que se repete em vários livros da Bíblia. Podemos lê-la em 2Reis 18 e 19, Isaías 9, 10, 36 e 37 e 2Crônicas 32.

Ele era filho do rei Acaz, um rei perverso que fez o que era mau diante de Deus durante o seu reinado. Porém, ao contrário de seu pai, Ezequias foi um rei temente ao Senhor e fez grandes reformas em seu reino. No primeiro ano de seu reinado, reparou e purificou o templo, reintegrou os sacerdotes e levitas ao seu ministério e restaurou a celebração da Páscoa. Além disso, combateu a idolatria em Judá proibindo o culto aos deuses pagãos e determinou que a serpente de bronze construída na época de Moisés fosse destruída, pois o povo estava adorando aquela imagem.

Quando a celebração da Páscoa foi restaurada, toda a nação foi convidada para uma grande festa. Foi inesquecível! Não havia acontecido nada igual desde os dias do rei Salomão. Ao final de tudo, os participantes se sentiram motivados a derrubar os postes e colunas sagrados, demolir os altos e altares de seus deuses falsos e, assim, retornar para suas cidades prontos a servir ao Deus verdadeiro.

As reformas de Ezequias romperam um vínculo, um aliança, que seu pai havia estabelecido com a Assíria. Quando rompemos vínculos com o opressor, ou quando confrontamos o seu senhorio, precisamos entender como esse confronto funciona e como Deus opera. Optamos pela liberdade, mas aquele que se alimentava com nossos pecados estará faminto e furioso, pronto para reivindicar o que acredita ser seu por direito. Assim aconteceu com o rei da Assíria, que ficou enfurecido com o posicionamento de Ezequias.

Depois dessas coisas e dessa fidelidade, veio Senaqueribe, rei da Assíria, e entrou em Judá, e acampou-se contra as cidades fortes, e intentou separá-las para si. Vendo, pois, Ezequias que Senaqueribe vinha e que o seu rosto era de guerra contra Jerusalém, teve conselho com os seus príncipes e os seus varões, para que se tapassem as fontes das águas que havia fora da cidade; e eles o ajudaram. Assim, muito povo se ajuntou e tapou todas as fontes, como também o ribeiro que se estendia pelo meio da terra. E disseram: Por que viriam os reis da Assíria e achariam tantas águas? E ele se fortificou, e edificou todo o muro quebrado até às torres, e levantou o outro muro para fora, e fortificou a Milo na Cidade de Davi, e fez armas e escudos em abundância. E pôs oficiais de guerra sobre o povo, e ajuntou-os a si na praça da porta da cidade, e falou-lhes falou ao coração, dizendo: Esforçai-vos e tende bom ânimo; não temais, nem vos espanteis por causa do rei da Assíria, nem por causa de toda a multidão que está com ele, porque há um maior conosco do que com ele. Com ele está o braço de carne, mas conosco, o Senhor, nosso Deus, para nos ajudar e para guerrear nossas guerras. E o povo descansou nas palavras de Ezequias, rei de Judá. Depois disso, Senaqueribe, rei da Assíria, enviou os seus servos a Jerusalém (ele, porém, estava diante de Laquis, com todo o seu domínio), a Ezequias, rei de Judá, e a todo o Judá que estava em Jerusalém, dizendo: Assim diz Senaqueribe, rei da Assíria: Em que confiais vós, que vos ficais na fortaleza em Jerusalém? (2Crônicas 32:1-10)

A fé, por vezes, pede irracionalidade. Levantar-se contra o Império Assírio era uma escolha de fé, pois ia contra todos os possíveis argumentos racionais:

- O Império Assírio durou 1300 anos, indo de 1950 a 612 a.C. Os militares assírios formaram o primeiro exército organizado e o mais poderoso até então.
- O controle das áreas conquistadas era mantido pelas tropas e por práticas cruéis, como a mutilação dos vencidos.
- O exército assírio tinha passado sobre a Síria e Israel como um rolo compressor, e depois atacou Judá, conquistou todas as suas cidades fortificadas e cercou Jerusalém.
- Senaqueribe, o rei assírio, escreveu em suas próprias crônicas que tinha trancado Ezequias (rei de Judá) como um pássaro na gaiola.

A conquista assíria de Jerusalém, capital de Judá, parecia inevitável. No entanto, como Senaqueribe precisava lutar em outras frentes de batalha, ele preferiu simplesmente intimidar os israelitas para que se rendessem. Ele, então, enviou Rabsaqué, seu principal oficial, a Jerusalém, para começar uma campanha de propaganda destinada a persuadir os homens de Judá a desistir sem lutar. Seu discurso foi engenhado para motivar os cidadãos de Jerusalém e os dirigentes da cidade a julgar sua situação sem esperança e permitir aos assírios tomar a cidade.

A tática assíria se parece com as técnicas que Satanás usa conosco em suas tentativas para nos levar a ceder e a perder nossas batalhas espirituais modernas.

Os argumentos do opressor

Senaqueribe enviou Rabsaqué (título militar, não nome pessoal) e dois outros dignitários a Jerusalém para exigir a rendição de Israel. Eles foram recebidos fora da muralha da cidade por três representantes de Ezequias: Eliaquim, o supervisor da casa de Ezequias; Sebna, o secretário; e Joá, filho de Asafe, o cronista (Isaías 36:2,3). O intento de Rabsaqué era simples: convencer Jerusalém a se render sem luta.

> *Que confiança é essa em que tu manifestas? [...] Em quem, pois, agora, confias, que contra mim te rebelas?*
> *(Isaías 36:4,5)*

Em seu clamor, Rabsaqué zombou dos amedrontados judeus, lembrando-lhes de que eles estavam completamente isolados. A quem poderiam pedir apoio? Àquela "cana quebrada", o Egito, "que se alguém se apoiar nele, lhe entrará pela mão e lha furará"? (Isaías 36:6) De fato, essa ex-potência mundial havia sido temporariamente conquistada pela Etiópia, e o então faraó, o rei Tiraca, não era egípcio, mas etíope. Mas o Egito estava em vias de ser derrotado pela Assíria. Como poderia ajudá-los?

Da mesma forma que Rabsaqué agia com os judeus, Satanás age conosco. Em suas tentativas de convencer o homem de que a fé é inútil, ele sempre procura isolá-lo do rebanho para que, assim, se torne uma presa fácil. Sua primeira atitude é convencê-lo a parar de congregar. Ele irá te convencer de que você está sozinho, que ninguém se importa nem te ama de verdade, que suas amizades não são verdadeiras e que todos os seus relacionamentos são pautados no interesse.

Perceba que as palavras de Rabsaqué geram dúvidas no coração dos judeus, pois ele continua a argumentar que Deus não lutaria pelo seu povo por estar descontente com eles.

> *Mas, se me disseres: No Senhor, nosso Deus, confiamos, porventura não é esse aquele cujos altos e cujos altares Ezequias tirou e disse a Judá e a Jerusalém: Perante este altar inclinareis? (Isaías 36:7)*

Longe de ter rejeitado a Deus ao derrubar os altos e os altares no país, o povo, na verdade, estava em busca do Deus verdadeiro. Rabsaqué, porém, lembrou aos judeus que, militarmente, eles eram irremediavelmente inferiores, e afirmou que as bênçãos estavam com os assírios, e não com eles. Se não fosse assim, argumentou, os assírios jamais poderiam ter adentrado tão fundo no território judaico.

> *E subi eu, agora, sem o Senhor contra esta terra, para destruí-la? O Senhor mesmo me disse: Sobe contra esta terra e destrói-a. (Isaías 36:10)*

Em outras palavras, ele quis dizer o seguinte: "Eu estou agindo com a permissão de Deus. Vocês estão sofrendo porque merecem, porque ele está lhes castigando e não há nada que vocês possam fazer".

O inimigo age da mesma maneira, tentando nos empurrar as mesmas mentiras. E aí, você, sentindo-se culpado, derrotado, condenado e rejeitado, aceita passivo a destruição da sua família, de suas finanças, de sua saúde, de seus filhos, de seu ministério...

A intimidação pela comunicação

Eu não ligo muito para vídeo-game, mas se tem um jogo que eu gosto de jogar é o de futebol da FIFA. Antes de iniciar uma partida, gosto de fazer um jogo psicológico para abalar o meu adversário e, por isso, o provoco com perguntas do tipo: "Quer apanhar de quanto?", "Está preparado para levar uma surra?". Assim, eu "entro" na mente dele, e sob pressão, ele raramente joga o que sabe.

Rabsaqué agira da mesma forma com os judeus. Para entrar na mente deles e intimidá-los, ele clamou a eles falando em judaico.

> *Rabsaqué, pois, se pôs em pé, e clamou em alta voz em judaico, e disse: Ouvi as palavras do grande rei, do rei da Assíria. (Isaías 36:13)*

Por que Rabsaqué insistia em falar no idioma judaico? Que efeito suas palavras poderiam ter sobre os judeus se ditas daquela forma? Como ele desejava lançar sementes de dúvida e medo no coração deles para que se rendessem sem luta, o assírio, então, falou no idioma judaico, para que o impacto fosse maior. Ele alertou os moradores de Jerusalém: "Não deixeis que Ezequias vos engane, pois não vos poderá livrar" (Isaías 36:14). Rabsaqué colocara dúvida sobre o líder: "Será que vocês deveriam acreditar no que ele está dizendo?".

Joãozinho viu uma formiga na cozinha e colocou um pouco de açúcar na frente dela. Ela comeu um pouco e foi chamar as amigas; ele, então, limpou o açúcar para que as outras formigas pensassem que ela era mentirosa. Deus não age assim conosco. Ele tem um compromisso com sua palavra e zela por seu cumprimento. Não há base mais segura para se ancorar a fé do que a Bíblia Sagrada. Ela sempre corresponderá à nossa fé.

Além de mentir, Rabsaqué tentava deixar claro ao povo que se eles se rendessem à Assíria, teriam uma vida melhor. Depois, tentou engodar os ouvintes pintando um quadro de como poderia ser a vida dos judeus sob o domínio assírio:

> *Aliai-vos comigo e saí a mim, e coma cada um da sua vide e da sua figueira e beba cada um da água da sua cisterna, até que eu venha e vos leve a uma terra como a vossa, terra de trigo e de mosto, terra de pão e de vinhas. (Isaías 36:16,17)*

Os judeus não colheriam nada naquele ano — a invasão assíria os havia impedido de plantar. A perspectiva de comer uvas suculentas e beber água fresca certamente era muito tentadora para os homens que ouviam na muralha. Diante disso, o rei Ezequias tinha uma decisão a tomar: ou ele desistia e se sujeitava novamente ao jugo imposto pelo opressor, ou continuava crendo que Deus iria agir.

Essa batalha ocorria em sua mente, e assim como ele, nós também estamos sujeitos a ela. Quando nossas convicções e certezas são atacadas, nossa fé é colocada em cheque. A pressão é quase insuportável, a ameaça se torna real e as evidências também, e nos vemos correndo o risco de perder tudo o que amamos e prezamos, vendo descer pelo ralo tudo o que conquistamos e construímos. Nossa intuição e experiência não nos dá a segurança necessária para escolher entre a plataforma da fé e a aparente segurança de parar de resistir.

Antes de tomar alguma decisão precipitada, Ezequias enviou mensageiros a Isaías, o profeta, e, por meio dele, Deus tranquilizou os judeus:

> *E Isaías lhes disse: Assim diz o SENHOR: Não temas à vista das palavras que ouviste, com as quais os servos do rei da Assíria de mim blasfemaram. Eis que porei nele um espírito, e ele ouvirá um rumor e voltará para a sua terra; e fá-lo-ei cair morto à espada, na sua terra.*
> *(Isaías 37:6,7)*

Como é importante ouvirmos a voz de Deus antes de escolher o que fazer! Não tome decisões precipitadas de consequências eternas nem destrua o projeto de Deus para sua vida, por falta de fé. Seus argumentos podem ser convincentes, mas são resultados de sementes de dúvida plantadas em seu coração. Desprezar a voz de Deus é desprezar o próprio Deus. Ele é a luz que ilumina o seu caminho; então, procure por ele, descanse nele, espere por ele. Sua voz lhe trará paz em meio ao caos, segurança em meio à guerra e força mesmo sob ameaças.

Cartas apresentadas no altar

Rabsaqué foi convocado para estar ao lado do rei Senaqueribe, que guerreava em Libna e cuidaria de Jerusalém mais tarde. Ele havia escrito cartas ameaçadoras que descreviam o que os moradores de Jerusalém poderiam esperar caso não se rendessem:

> *Eis que já tens ouvido o que fizeram os reis da Assíria a todas as terras, destruindo-as totalmente; e escaparias tu? (Isaías 37:11)*

Basicamente, o opressor continuou com suas ameaças e afirmou que a fé em Deus seria frustrada. No entanto, Ezequias não se intimidara diante daquelas palavras e tomou uma atitude:

> *Recebendo, pois, Ezequias as cartas das mãos dos mensageiros e lendo-as, subiu à Casa do Senhor; e Ezequias as estendeu perante o Senhor. (Isaías 37:14)*

Ezequias colocou as cartas de Senequaribe diante de Deus! Em sua oração, fez o seguinte pedido:

> *Agora, pois, ó Senhor, nosso Deus, livra-nos das suas mãos, para que todos os reinos da terra conheçam que só tu és o Senhor. (Isaías 37: 20)*

O exemplo de Ezequias nos ensina que devemos colocar diante de Deus todas as nossas preocupações. Nossa confiança em sua Palavra não será vã e nossas orações não serão desprezadas. Deus recompensa a fé, e por mais que os tempos e os cenários sejam outros, a esperança continua antecedendo o rompimento. Foi nesse contexto que ele enviou o profeta Isaías com a seguinte mensagem:

> *Portanto, assim diz o Senhor acerca do rei da Assíria: Não entrará nesta cidade, nem lançara nela flecha alguma; nem tampouco virá perante ela com escudo, nem levantará contra ela tranqueira alguma. Pelo caminho por onde vier, por ele voltará; porém nesta cidade não entrará, diz o Senhor. (2Reis 19:32,33)*

A Bíblia nos diz que naquela noite o anjo do Senhor passou pelo acampamento dos assírios e matou 185 mil soldados do seu exército. No outro dia de manhã, quando eles se levantaram, o acampamento estava repleto de cadáveres. Envergonhado, Senaqueribe desmontou seu acampamento e voltou para sua cidade. Passado alguns dias, o rei assírio foi morto por seus dois filhos enquanto adorava o deus Nisroque.

A recompensa da confiança

Depois da derrota de Senaqueribe, as nações vizinhas presentearam Ezequias com ouro, prata e outros bens preciosos, e ele prosperou em todas as suas obras (2Crônicas 32:27-30).

Durante o processo, teremos de lidar com o medo, a solidão, as dúvidas e a tentação, ignorando qualquer informação que se oponha à Palavra de Deus. Além de nos fortalecer em momentos de indecisão, a fé também nos impulsiona a perseverar e não desistir; nos garante futuro, e nos conecta ao nosso destino, assim como conectou Ezequias ao dele.

Além de livrar Ezequias dos seus inimigos, Deus ainda lhe fez grandes promessas, e uma delas foi a seguinte:

> *Porque o que escapou da casa de Judá e ficou de resto tornará a lançar raízes para baixo e dará fruto para cima. (2Reis 19:30)*

Era tempo de recomeçar! O pior já havia passado e chegara o tempo de reconstruir. Com essa promessa, Deus estava dizendo que a vida continua e seus planos não foram alterados. Ezequias iria firmar-se em sua terra, crescer e produzir muitos frutos, assim como a árvore de raízes profundas.

Raízes para baixo e fruto para cima

A raiz de uma planta possui duas funções principais: fixá-la ao solo e absorver água e nutrientes. Trazendo esse exemplo para nossas vidas, se quisermos gerar frutos, precisamos ter raízes profundas. A raiz não depende do fruto, mas o fruto depende da raiz. O seu sistema de raízes é quem determinará a quantidade e a qualidade dos frutos que você dará.

Sua fé, sua essência, seu caráter, sua ética, seu compromisso, sua lealdade, sua verdade, sua verdadeira espiritualidade, seu conhecimento pessoal de Jesus e seu entendimento da Palavra estabelecem quem você é e que tipo de história sua vida irá contar. É por meio das raízes que a planta se forma, se alimenta, cresce e dá frutos. Elas se arrastam sob a superfície do solo até os veios d'água e deles se abastecem.

A raiz é a parte da árvore que permanece oculta, escondida, mas sem a qual a árvore não se sustenta e nem consegue produzir bons frutos. Não podemos dar mais importância ao fruto do que a ela, pois o verdadeiro fruto é uma consequência natural da raiz. No entanto, o problema ocorre justamente quando invertemos esses valores e nos esquecermos de que a raiz é oculta.

A tentação de se preocupar mais com os frutos do que com a raiz é enorme por causa da satisfação pública. Os frutos são aparentes; a raiz, não, e a tendência humana é a de zelar mais pela aparência do que pela profundidade.

Lembre-se: sua maior preocupação não deveria ser com os frutos, mas sim com a raiz. Suas atitudes revelam o seu caráter, e é o seu caráter, e não o seu discurso, que define quem você é. Não se preocupe com aquilo que pode ser visto pelos homens. Eles veem apenas os frutos, mas só Deus pode ver a raiz.

Você pode investir todo o seu tempo e esforço naquilo que é aparente, mas a árvore que não tem raízes profundas não resiste ao calor das provações e, consequentemente, não produz frutos.

O processo de crescimento da raiz é lento

> *Bem-aventurado o varão que não anda segundo o conselho dos ímpios, nem se detém no caminho dos pecadores, nem se assenta na roda dos escarnecedores. Antes, tem o seu prazer na lei do SENHOR, e na sua lei medita de dia e de noite. Pois será como a árvore plantada junto a ribeiros de águas, a qual dá o seu fruto na estação própria, e cujas folhas não caem, e tudo quanto fizer prosperará. (Salmos 1:1-3)*

O salmista deixa bem claro que a árvore plantada junto aos ribeiros dará o seu fruto no seu devido tempo, mas, para isso devemos esperar a raiz crescer. Para que os frutos surjam, devemos, primeiro, ter forças para sustentá-los.

O cedro do Líbano cresce devagar, mas chega a atingir 40 metros de altura. Porém, nos seus primeiros três anos de vida, suas raízes crescem cerca de um metro e meio de profundidade, enquanto a planta ganha aproximadamente cinco centímetros de altura.

Mais importante que o que vemos é aquilo que não vemos: raízes profundas.

Em uma árvore frutífera, quanto mais profundas suas raízes forem, mais frutos ela poderá dar. No entanto, essas árvores não dependem somente da água da chuva para crescer, mas também da água das camadas mais profundas do solo, localizadas no lençol freático. Já uma árvore de raízes superficiais depende completamente da água da chuva e somente dela; se esta faltar, ela pode secar e morrer.

Se uma árvore com raízes superficiais for arrancada, por mais que ela tenha tronco, folhas, flores e frutos, morrerá. Porém, se as raízes dessa árvore forem profundas, ainda que seja arrancada, ela não irá morrer, mas se renovará. Assim como essas árvores, se as suas raízes forem superficiais, qualquer vento mais forte será o suficiente para te desarraigar. Qualquer dificuldade irá encher seus lábios de murmuração e qualquer bobagem será o bastante para te fazer desistir. Aquele, porém, que tiver raízes profundas não se abalará e permanecerá dando frutos, garantindo renovo.

> *Porque há esperança para a árvore, que, se for cortada, ainda se renovará, e não cessarão os seus renovos. Se envelhecer na terra a sua raiz, e morrer o seu tronco no pó, ao cheiro das águas, brotará e dará ramos como a planta. (Jó 14:7-9)*

Jeremias comparou o homem que confia em Deus com a árvore plantada junto às correntes de águas.

> *Bendito o varão que confia no SENHOR, e cuja esperança é o SENHOR. Porque ele será como a árvore plantada junto*

> *às águas, que estende as suas raízes para o ribeiro e não receia quando vem o calor, mas a sua folha fica verde; e, no ano de sequidão, não se afadiga nem deixa de dar fruto. (Jeremias 17:7,8)*

A sustentação da nossa vida espiritual vem das nossas raízes. Quanto mais profundas elas forem, maior será a nossa força diante das tempestades da vida e mais frutos daremos.

A recompensa da perseverança

> *Quem nos separará do amor de Cristo? A tribulação, ou a angústia, ou a perseguição, ou a fome, ou a nudez, ou o perigo, ou a espada? [...] Nem a altura, nem a profundidade, nem alguma outra criatura nos poderá separar do amor de Deus, que está em Cristo Jesus, nosso Senhor! (Romanos 8:35,39)*

Tudo fará sentido se simplesmente confiarmos e descansarmos no fato de que Deus nos ama. Esse amor deve ser nosso porto seguro e a garantia de que tudo vai ficar bem e que a Palavra de Deus irá se cumprir. Nossa disposição para crer será testada por tribulações, angústias, perseguições, perdas, traições e decepções, mas o que determina o insistir ou desistir, o continuar ou abandonar, é o quanto nos deixamos afetar por esse amor.

Amor incondicional, infalível, eterno e imutável. É com esse amor que Deus me ama, pois não sabe amar de outra forma. Nossos erros ou acertos não podem diminuí-lo nem aumentá-lo. Ele simplesmente nos ama. Quando nos rendemos a esse amor, adentramos uma dimensão onde nada, nem tragédias, nem ameaças, nem evento algum, podem nos abalar.

O amor de Deus nos liberta da fome de aceitação, aprovação e reconhecimento de homens; cura as feridas mais antigas e escondidas do coração; nos conduz ao arrependimento, nos mantém de pé e nos-conecta com o nosso futuro e destino.

Deus nos ama, não importa o tamanho da nossa dor ou o peso dos nossos pecados. Ele simplesmente nos ama! Aqueles que entendem esse amor escrevem uma história com Deus, pois ele os liberta do medo e os faz crer que todas as suas promessas se cumprirão.

A Terra da promessa

Assim, subiram e espiaram a terra desde o deserto de Zim até Reobe, à entrada de Hamate. E subiram para a banda do Sul e vieram até Hebrom; e estavam ali Aimã, Sesai, e Talmai, filhos de Anaque (Hebrom foi edificada sete anos antes de Zoã, no Egito). Depois, vieram até ao vale de Escol e dali cortaram um ramo de vide com um cacho de uvas, o qual trouxeram dois homens sobre uma verga, como também romãs e figos. Chamaram àquele lugar o vale de Escol, por causa do cacho que dali cortaram os filhos de Israel. Depois, voltaram de espiar a terra, ao fim de quarenta dias. E caminharam, e vieram a Moisés, e a Arão, e a toda a congregação dos filhos de Israel no deserto de Parã, a Cades, e, tornando, deram-lhes conta a eles e a toda a congregação; e mostraram-lhes o fruto da terra. E contaram-lhe e disseram: Fomos à terra a que nos enviaste; e, verdadeiramente, mana leite e mel, e este é o fruto. O povo, porém, que habita nessa terra é poderoso, e as cidades, fortes e mui grandes; e também ali vimos os filhos de Anaque. Os amalequitas habitam na terra do Sul; e os heteus, e os jebuseus, e os amorreus habitam na montanha; e os cananeus habitam ao pé do mar e pela ribeira do Jordão. Então, Calebe fez calar o povo perante Moisés e disse: Subamos animosamente e possuamo-la em herança; porque, certamente, prevaleceremos contra ela. Porém os homens que com ele subiram disseram: Não poderemos subir contra aquele povo, porque é mais forte do que nós. E infamaram a terra, que tinham espiado, perante os filhos de Israel, dizendo: A terra, pelo meio da qual passamos a espiar, é terra que consome os seus moradores; e todo o povo que vimos no meio dela são homens de grande estatura. Também vimos ali gigantes, filhos de Anaque, descendentes dos gigantes; e éramos aos nossos olhos como gafanhotos e assim também éramos aos seus olhos. (Números 13:21-33)

A passagem acima relata um pequeno trecho da história de um povo escolhido por Deus para, por meio dele, revelar o seu amor ao mundo. Os propósitos de Deus para Israel são destacados em toda a Escritura. Muitos são os relatos que nos mostram o quanto esse povo era amado. Porém, o título de "povo eleito" não privou Israel de passar por tribulações e dificuldades. O povo israelita passou quatro séculos escravizado no Egito! Logo, é um erro acreditarmos que, por sermos filhos de Deus, nossa vida será fácil, perfeita e exatamente como idealizamos.

No entanto, Deus sempre garante a provisão. Ao libertar o povo do Egito, Deus prometeu levá-los a uma terra abençoada e próspera, e foi isso o que ele fez. Entre o povo e a Terra Prometida havia o deserto, mas em menos de dois anos no deserto eles estavam em Cades-Barneia.

Assim como Deus livrou o povo do Egito e os levou para uma terra boa, ele também nos livra de nossas prisões. Por maior que tenha sido a sua experiência de libertação, maior do que ela é o propósito que ela tem; maior é o lugar para onde Deus quer te levar depois de te libertar.

Calebe

Calebe aparece na Bíblia quando Moisés envia de Cades-Barneia doze representantes das tribos de Israel para espiar a terra de Canaã, e Calebe era um deles, representando a tribo de Judá.

Sua origem

Calebe filho de Jefoné, era do povo nômade dos quenezeus, o mesmo ao qual pertencia Jetro, sogro de Moisés. Talvez por causa de sua esposa, que era judia, pertenceu à tribo de Judá, à qual pertencia o cunhado de Moisés, Hobabe, que acompanhara os israelitas em suas viagens através do deserto, e, pelo seu conhecimento do território, auxiliava Moisés.

O significado de seu nome

Nos tempos bíblicos, nomes de lugares e pessoas não eram dados de forma aleatória, mas sempre carregavam algum significado especial. Em hebraico, Calebe significa "fiel como cão". Os cachorros são, de fato, animais muito leais aos seus donos. Certa vez, assistindo ao telejornal, eu soube da história de um cachorro que viu o dono ser internado em um hospital. O dono veio a falecer, mas mesmo assim o cachorro ia ao hospital todos os dias e o esperava na porta. Isso se repetiu por três anos, até que ele morreu.

Uma pessoa "fiel como cão" continua a demonstrar fidelidade mesmo quando todos já o abandonaram. Deus responde a esse gesto não com indiferença, mas com graça.

Sua missão

Aos quarenta anos, Calebe foi escolhido para representar sua tribo, em um teste de confiança e fé na palavra de Deus.

Imagine a seguinte cena: doze homens são escolhidos, um de cada tribo, para determinar o futuro de todo um povo. Eles partiram de Cades-Barneia e passaram por Hebrom, chegando ao riacho de Escol. Lá, pegaram um cacho de uvas tão grande que foi preciso ser carregado em um mastro por dois homens. Quando retornaram ao acampamento, quarenta dias depois de observar a Terra Prometida, levaram também romãs e figos. De volta à Cades-Barneia, os doze homens mostraram ao povo o fruto da Terra e disseram: "É uma terra boa, onde mana leite e mel, mas não podemos ir e possuí-la, como disse o Senhor. Ela está cheia de gigantes, e nós somos gafanhotos comparados a eles".

A fé e a incredulidade

A promessa de Deus valia para todos, uma vez que ela foi dada para o povo de Israel. Contudo, nem todo mundo veria essas promessas se cumprindo. Enquanto uns morreriam no deserto, outros beberiam do leite e comer do mel, e o que determina uma coisa ou outra é simplesmente a fé ou a incredulidade.

Calebe não concordou com o relato dado pelos outros a Moisés a respeito da terra de Canaã. Enquanto ele via as coisas boas que a terra oferecia, os demais foram tomados pelo desânimo e pela murmuração. A incredulidade levou os filhos de Israel a acreditar que eles não seriam capazes de enfrentar seus adversários e adentrar o território que Deus havia prometido. Eles focaram no tamanho das cidades e dos gigantes, filhos de Anaque, quando deveriam focar no tamanho de seu Deus. Calebe, por sua vez, teve fé e perseverança, e é isso o que o destaca em sua geração. Da mesma forma que ocorreu com o povo de Israel, nossas escolhas determinam se iremos morrer no deserto ou pisar na Terra Prometida. Tudo é uma questão de fé ou incredulidade. Devemos aprender a blindar a nossa fé para não nos deixarmos influenciar pelo pessimismo daqueles que escolheram não perseverar.

Fatores externos não podem corromper seus propósitos e enfraquecer sua visão. Não podemos desistir só porque ficou difícil, pois ninguém escreve história desistindo. Ninguém se lembra dos que desistiram, somente dos que protegeram suas convicções. Sua atmosfera nasce no amor de Deus e é mais forte que a dos incrédulos. Não permita que a incredulidade e murmuração de outros interrompam o desenvolvimento da sua fé. Se Calebe tivesse se deixado influenciar, teria morrido no deserto com os outros. Sempre haverá pessoas para reclamar, murmurar e se revoltar contra Deus, mas ele irá honrar aqueles que creem, mesmo quando tudo ao redor pede desistência.

Deus tem grandes propósitos para você. Mais do que te salvar, ele deseja se relacionar contigo, te abençoar e te usar, para que, pelo amor derramado sobre sua vida, outros saibam que ele é um Deus de amor.

Sua cultura é mais forte que a própria morte

A cultura deste século é uma cultura de desistência: se ficou difícil, parta para a próxima. Para quê ficar em um casamento em que não sou feliz se é mais fácil desistir do que se arrepender dos erros e buscar aperfeiçoamento? Sonhou com um ministério e não o deseja mais? É só abandonar! E assim as pessoas vão levando a vida sem perseverança.

Quantos projetos você começou e não concluiu? Quantas sementes você plantou e não teve paciência para esperar a colheita? Quantos culpados você já arrumou para as coisas que derem errado quando, na verdade, o único responsável é você, que resolveu desistir?

Os gigantes aparecem e você se esquece de que Deus sempre vai agir assim: sempre será Davi contra Golias, para que ninguém se esqueça de que foi Deus que o derrubou, e não você.

Calebe não se via como "gafanhoto", assim como Davi não se viu inferior a Golias. Ninguém é maior que Deus, e quando você está cheio da presença dele, nada pode te intimidar. Enquanto a maioria se tornou refém do medo e da dúvida, apenas Calebe e Josué estavam alinhados ao coração de Deus.

O prêmio de quem persevera

Calebe sabia do valor que tinha para Deus. Ele sabia que independente do quanto precisasse esperar, pisaria na Terra Prometida.

Um sonhador incomoda aqueles que já secaram, assim como os desistentes se irritam com aqueles que perseveram. Aqueles que um dia espiaram a Terra com você, mas deixaram de crer, irão apedrejá-lo, pois sua fé os faz lembrar que eles tinham as mesmas possibilidades, mas perderam a promessa e estão fadados a morrer no deserto. Por causa do erro dos outros, Calebe foi obrigado a perambular 40 anos pelo deserto, até que todos os que murmuraram contra o Senhor morressem, para, então, herdar a Terra Prometida (Números 14:29-38). Sua história nos ensina que há recompensa na perseverança. Em meio à sentença dada ao povo, Deus lhe faz uma promessa:

> *Porém o meu servo Calebe, porquanto nele houve outro espírito e perseverou em seguir-me, eu o levarei à terra em que entrou, e a sua semente a possuirá em herança. (Números 14:24)*

Calebe conservou seu coração puro e limpo de toda contaminação e murmuração, mostrando-se firme e constante, e, por isso, Deus o recompensou.

Deus procura aqueles que creem, porque a fé o agrada. Ele permite os desertos e nos leva a extremos para que encontre fé em um coração pressionado pelas incertezas e o recompense.

Não deixe o tempo sufocar a esperança

Muita coisa aconteceu no deserto durante os 40 anos que se passaram, mas Calebe permaneceu firme e guardou no coração o desejo de ver seu sonho realizado. Para alcançar a promessa, é preciso saber esperar a hora certa.

Com a morte de Moisés, Josué assume a liderança e toda Canaã é conquistada pelo povo israelita. Chega, então, o momento da distribuição de terras entre as tribos de Israel.

> *E, agora, eis que o SENHOR me conservou em vida, como disse; quarenta e cinco anos há agora, desde que o SENHOR falou esta palavra a Moisés, andando Israel ainda no deserto; e, agora, eis que já hoje sou da idade de oitenta e cinco anos. E, ainda hoje, estou tão forte como no dia em que Moisés me enviou; qual a minha força então era, tal é agora a minha força, para a guerra, e para sair, e para entrar. Agora, pois, dá-me este monte de que o SENHOR falou aquele dia; pois, naquele dia, tu ouviste que os anaquins estão ali, grandes e fortes cidades há ali; porventura, o SENHOR será comigo, para os expelir, como o Senhor disse. (Josué 14:10-12)*

Calebe tinha 85 anos de idade quando entrou na Terra Prometida. Depois de tanto tempo, sua fé, seu vigor, seu coração e sua confiança no amor de Deus ainda eram os mesmos.

Quantas pessoas envelheceram na fé, se cansaram e agora creem que seu tempo passou e nada de novo vai acontecer! Depois de muitos anos de caminhada, a tendência é a inércia. Lutamos com sentimentos novos, perdemos a expectativa, a vontade, e a maioria dos sonhos já foi realizada. A história de Calebe, no entanto, nos mostra que Deus tem propósitos em cada uma das estações de nossas vidas. Depois de tanto tempo e tanto desgaste físico, mental e emocional,

Calebe continuava com o mesmo gás e a mesma energia e disposição de quando era mais novo. Isso é exatamente o que ocorre com aquele que sonha: seu espírito não envelhece, mas continua cheio de força e ânimo para lutar.

Enfrentando gigantes

Calebe reivindicou perante Josué a sua parte da Terra Prometida e recebeu Hebrom como herança. Dali ele expulsou os três filhos de Anaque: Sesai, Aimã e Talmai (Josué 15:14).

Sesai

Seu nome vem do hebraico e significa alvacento, esbranquiçado, nebuloso, cinzento. Como o seu nome já sugere, esse gigante tem o poder de roubar a nitidez da visão e deixar tudo confuso, sem graça e sem esperança. Sesai é aquele que lhe rouba a vontade de seguir adiante, pois te faz acreditar que o que tem lá não deve ser muito interessante.

Não permita que o novo te assuste e traga medo. Peça a Deus que restaure sua visão por completo e tire de seus olhos toda nuvem de lágrimas.

> *Ilumina-me os olhos, para que eu não durma o sono da morte. (Salmos 13:3, ARA)*
>
> *Desvenda os meus olhos, para que eu contemple as maravilhas da tua lei. (Salmos 119:18, ARA)*

Aimã

Seu nome vem do hebraico e significa "irmão da mão direita", a mão que representa a força e o poder da carne. Como o seu nome sugere, esse gigante representa o agir pela própria força. Todas as vezes que o povo quis agir sem a direção e a presença do Senhor, o resultado foi a derrota, e todas as vezes que tentamos fazer o mesmo, o resultado não é diferente. Será um esforço inútil lutar para salvar seu casamento sem a presença de Deus. Tentar se levantar na força de nosso próprio braço, sem a bênção divina, é um exercício pesado e infrutífero. Quando, porém, nos voltamos para Deus e enchemo-nos de seu Espírito, sabedoria e conselhos, ele mesmo passa a nos guiar e conduzir, e vai abrindo portas por onde precisarmos passar.Quando o rei Senaqueribe quis apoderar-se das cidades fortificadas, Ezequias disse o seguinte: "Com ele está o braço de carne, mas conosco, o SENHOR, nosso Deus, para nos ajudar e para guerrear nossas guerras" (2Crônicas 32:8).

O inimigo quer nos desanimar, mostrando suas armas e exigindo e nós uma resposta da carne; Deus, porém, é aquele que nos dá armas espirituais.

> *Porque as armas da nossa milícia não são carnais, e sim poderosas em Deus, para destruir fortalezas, anulando nós sofismas e toda altivez que se levante contra o conhecimento de Deus, e levando cativo todo pensamento à obediência de Cristo. (2Coríntios 10:4,5)*

Calebe não lutou na sua própria força, mas colocou o próprio Deus à frente na batalha (Josué 14:12).

Talmai

Seu nome vem do hebraico e significa "com sulco, rugas, enrugado, com cortes". Como o seu nome sugere, Talmai é aquele gigante da velhice que quer roubar sua energia, sua juventude, seu vigor, sua vontade de viver e disposição para lutar. Aquele que está sob a influência desse gigante se torna depressivo, apático, cansado, espiritualmente paralisado e triste. O rei Ezequias é um exemplo disso. Ele estava com uma enfermidade que queria lhe roubar seus anos de vida, mas o Senhor o curou e lhe deu mais quinze. Da mesma forma, Deus pode lhe acrescentar longevidade, ânimo e vigor em resposta à sua fé. O sentimento de envelhecimento precoce e desânimo pode abater o seu coração, mas seu renovo é certo quando você escolhe esperar em Deus (Isaías 40:31). Assim como Calebe, que com 85 anos se sentia forte como aos 40, o Senhor irá te encher de vida.

É tempo de voltar a se alegrar em Deus e renovar a sua vida no altar. Calebe conquistou Hebrom porque continuou olhando para o Senhor, sem perder o foco e a paixão.

> *Elevo os olhos para os montes: de onde me virá o socorro? O meu socorro vem do SENHOR, que fez os céus e a terra. (Salmos 121:1,2)*

Em vez de vergonha, dupla honra

> *Em lugar da vossa vergonha, tereis dupla honra; em lugar da afronta, exultareis na vossa herança. (Isaías 61:7)*

Isaías foi um profeta messiânico. Seus decretos e registros apontaram para o tempo de manifestação do Messias, para os dias em que Jesus, o filho de Deus, viria em carne. O alvo dessa profecia era a nação de Israel, e o objetivo era sinalizar um tempo futuro de restauração, restituição e uma honra que viria em porção dobrada para compensar toda a vergonha e humilhação que Israel passou diante de outras nações.

Temos aqui algo sobre o caráter de Deus: a humilhação não é um fim, a vergonha não é um destino, mas talvez elas sejam o pedágio na estrada que nos leva ao lugar onde encontramos descanso e paz, onde cumprimos nosso propósito e missão, onde somos recompensados por continuar crendo.

> *Não temas, porque não serás envergonhada; não te envergonhes, porque não sofrerás humilhação. (Isaías 54:4)*

A vergonha de uma mulher estéril

Ana foi uma mulher que teve sua vida transformada e marcada por experiências profundas com Deus.

> *Houve um homem de Ramataim-Zofim, da região montanhosa de Efraim, cujo nome era Elcana, filho de Jeroão, filho de Eliú, filho de Toú, filho de Zufe, efraimita. Tinha ele duas mulheres: uma se chamava Ana, e a outra, Penina; Penina tinha filhos; Ana, porém, não os tinha. Este homem subia da sua cidade de ano em ano a adorar e a sacrificar ao SENHOR dos Exércitos, em Siló. Estavam ali os dois filhos de Eli, Hofni e Fineias,*

como sacerdotes do Senhor. No dia em que Elcana oferecia o seu sacrifício, dava ele porções deste a Penina, sua mulher, e a todos os seus filhos e filhas. A Ana, porém, dava porção dupla, porque ele a amava, ainda mesmo que o Senhor a houvesse deixado estéril. (A sua rival a provocava excessivamente para a irritar, porquanto o Senhor lhe havia cerrado a madre.) E assim o fazia ele de ano em ano; e, todas as vezes que Ana subia à Casa do Senhor, a outra a irritava; pelo que chorava e não comia. Então, Elcana, seu marido, lhe disse: Ana, por que choras? E por que não comes? E por que estás de coração triste? Não te sou eu melhor do que dez filhos? Após terem comido e bebido em Siló, estando Eli, o sacerdote, assentado numa cadeira, junto a um pilar do templo do Senhor, levantou-se Ana, e, com amargura de alma, orou ao Senhor, e chorou abundantemente. E fez um voto, dizendo: Senhor dos Exércitos, se benignamente atentares para a aflição da tua serva, e de mim te lembrares, e da tua serva não te esqueceres, e lhe deres um filho varão, ao Senhor o darei todos os dias da sua vida, e sobre a sua cabeça não passará navalha. (1Samuel 1:1-11)

Ana surge na cena bíblica como uma mulher desfavorecida, envergonhada e constantemente humilhada por sua condição. Em uma sociedade onde a esterilidade era sinal de maldição, Ana carregava o fardo do preconceito e da rejeição. Por maior que fosse a porção que recebia de seu esposo, que a amava, havia feridas em sua alma. Ela não estava bem resolvida com o tipo de história que estava escrevendo.

Naqueles dias, quando a esposa não gerava filhos, o homem poderia ter outra mulher ou concubina, para garantir a perpetuação de sua descendência. E por ser esse o seu caso, Ana sentia-se inferiorizada e humilhada. Sua dor era constantemente potencializada pelas provocações de Penina, a outra mulher de seu marido, que a perseguia dia e noite com palavras duras, acusações e indiferença, cutucando um machucado que nunca cicatrizava.

Ana era amável, doce e temente a Deus. Ela zelava por sua espiritualidade, mas, mesmo assim, definhava aos poucos, pois suportava muita pressão, dentro e fora de casa. Seu maior inimigo estava dentro de seu coração, pois havia em seu interior uma luta constante para não se amargurar e se voltar contra Deus por conta de sua esterilidade. Os sonhos de Ana estavam morrendo, sua alegria se esvaía, seus projetos estavam paralisados, e sua condição impedia que as bênçãos de Deus se cumprissem.

O dia a dia de Ana era o mesmo daqueles que lutam contra os mesmos sentimentos que ela. Essa é a realidade de quem se sente privado e às margens do que poderia estar vivendo. É a dor de quem não alcança seu potencial e não cumpre seu propósito. O papel do ventre é gerar, e a esterilidade impede que esse propósito seja cumprido.

Fomos criados com a capacidade de sonhar, criar, produzir, realizar. Esse potencial é inerente a cada ser humano que Deus traz ao mundo. A inércia da falta de propósitos e a frustração por tentar, tentar, tentar e não romper, esvazia o ânimo até dos mais motivados e sonhadores.

A inveja e a vergonha moram em casa

A dor de Ana piorava com as alfinetadas de Penina. Como se não bastasse ela ter de lidar com seu próprio sentimento de fracasso, ainda precisava conviver com o fantasma de que Penina teve filhos. Ana não precisava somente administrar sua derrota, mas também precisava participar da derrota que deveria ser dela, desfrutada por outra.

A inveja nasce não por aquilo que você não conseguiu conquistar, mas quando alguém próximo a você conquistou aquilo que você tanto queria. Esse sentimento é doentio, rouba sua felicidade e sua paz, e te rebaixa a um nível onde tudo se torna competição. Você passa a viver em função do reconhecimento que acha que precisa ter, da necessidade de ser e ter, para provar que conseguiu.

É triste. Sua alma adoece, seus sentimentos são um misto de amor e ódio. Quanto mais o tempo passa sem resultado algum, mais tristeza se acumula, mais profunda se torna a mágoa e mais endurecido fica o coração, até o ponto em que você não se reconhece mais, pois a luta deformou sua identidade e te descaracterizou.

Tristeza e depressão

> *Então, Elcana, seu marido, lhe disse: Ana, por que choras? E por que não comes? E por que está mal o teu coração? Não te sou eu melhor do que dez filhos? (v.8)*

Por algum tempo, talvez, Ana tivesse lidado com aquela afronta com autovalor e respeito próprio. Talvez tivesse resistido às provocações de Penina com maturidade, protegendo suas emoções daquelas setas inflamadas.

Havia esperança. Mas "a esperança adiada desfalece o coração" (Provérbios 13:12). Em algum momento, aquele cenário passou a afetá-la. Ana baixou a guarda e aceitou as provocações de sua rival.

Essa é a hora em que passamos a usar máscaras. As coisas não estão bem, mas fazemos de tudo para demonstrar o contrário. Esse disfarce pode esconder a realidade por um tempo, mas não para sempre. Se não tratamos as raízes, a pressão se tornará insuportável. A alma secará, a esperança evaporará e a dor assumirá o controle. Foi o que aconteceu com Ana. O versículo 10 nos diz que ela orou ao Senhor com amargura de alma. A amargura nos aprisiona a sentimentos nocivos, pois:

- o amargurado não consegue enxergar nada além de seu próprio sofrimento;
- a pessoa não consegue reconhecer o bem que está sendo feito;
- o discurso outrora de amor se torna de ódio e vingança;
- as palavras que antes abençoavam o próximo se transformaram em veneno.

Entre a decepção e a expectativa

Ana entendeu que estava entre a decepção e a expectativa. Ela precisava se proteger daquela onda opressora de tristeza e derrota. Embora não tenha conseguido evitar a amargura, soube muito bem o que fazer com ela:

> *Ela, pois, com amargura de alma, orou ao* Senhor, *e chorou abundantemente. (v.10)*

Ana orou e chorou abundantemente na presença de Deus!

Há um momento em que percebemos que algumas coisas estão morrendo dentro de nós: é quando temos a oportunidade de sair do lugar em que estamos e ir para o lugar em que devemos estar.

As coisas deram errado. Foi mais difícil do que você poderia imaginar. Não havia uma cartilha ensinando como acertar. Sua previsão foi equivocada, mas a vida segue. O que você vai fazer agora? Vai se deixar vencer e arrumar culpados para tudo que não funcionou? Vai responsabilizar secretamente a Deus e virar as costas para seu chamado e ministério? Não! Você precisa agir como Ana.

Ana escolheu entrar na presença de Deus e se render ali, como quem está dizendo: "Senhor, se for para cair, que seja aos teus pés!" Apesar de suas fraquezas, Ana não se deixou paralisar e ver inerte a vida passar enquanto vivia envergonhada e humilhada. Com fé inabalável, ela buscou aquele a quem nada é impossível, e sua sorte mudou.

Uma aliança com Deus

Hoje, conhecendo a história de Ana, sabemos que sua fé foi recompensada e que sua confiança não foi vã. Seu testemunho nos ensina a permanecer crendo, na certeza de que Deus nos ouve e responde às nossas orações.

A vitória na vida de Ana se estabelece quando ela decide não desistir, não morrer e não ser mais uma coitadinha ferida pelo destino. Ela consagra a Deus o filho que ainda nem estava em seu ventre, e, num ato de fé, toca o coração de Deus.

Ana busca sua bênção no templo, suplantando todas as provocações, em oração, na presença de Deus, insistindo que ela receba a palavra profética da vitória.

Demorando-se ela no orar perante o Senhor, passou Eli a observar-lhe o movimento dos lábios, porquanto Ana só no coração falava; seus lábios se moviam, porém não se lhe ouvia voz nenhuma; por isso, Eli a teve por embriagada e lhe disse: Até quando estarás tu embriagada? Aparta de ti esse vinho! Porém Ana respondeu: Não, senhor meu! Eu sou mulher atribulada de espírito; não bebi nem vinho nem bebida forte; porém venho derramando a minha alma perante o SENHOR. *Não tenhas, pois, a tua serva por filha de Belial; porque pelo excesso da minha ansiedade e da minha aflição é que tenho falado até agora. Então, lhe respondeu Eli: Vai-te em paz, e o Deus de Israel te conceda a petição que lhe fizeste. E disse ela: Ache a tua serva mercê diante de ti. Assim, a mulher se foi seu caminho e comeu, e o seu semblante já não era triste. (1Samuel 1:12-18)*

Eli era o sumo sacerdote, a autoridade espiritual máxima em Israel, aquele que falava em nome de Deus. Curioso, ele percebe que Ana só orava mexendo os lábios, e numa interpretação superficial e equivocada, a acusa de estar embriagada. A acusação sobre Ana era tão palpável que ela entra no modo autopreservação, justificando-se diante de Eli.

O termo "Belial" (**לעיל** = *belîya'al*) vem da conjunção de *belî*, que significa "não", e *ya'al*, que significa "sem". Conforme a Enciclopédia de Teologia do Antigo Testamento, essa palavra, no original, significa "inutilidade". É, também, sinônimo de Satã, com o sentido de malvado, nocivo e inútil, além de Belzebu, que é o nome que se dá ao chefe dos demônios. Belial é, portanto, o "demônio da arrogância e da loucura".

A expressão "Filho de Belial" é a forma que o Antigo Testamento usa para se referir aos judeus que se desviavam. Entre os judeus da antiguidade, essa expressão também era usada para se referir às crianças não circuncidadas ou aos filhos de outros povos pagãos.

Ana sentia-se tão inadequada que recebe a exortação de Eli na defensiva. De fato, sua expressão exteriorizava suas emoções:

> *Eu sou mulher atribulada de espírito; não bebi nem vinho nem bebida forte; porém venho derramando a minha alma perante o Senhor. Não tenhas, pois, a tua serva por filha de Belial; porque pelo excesso da minha ansiedade e da minha aflição é que tenho falado até agora. (v.15,16)*

Sua aflição a tornou ansiosa, assim como ocorre conosco, quando nos deixamos vencer pelo medo do futuro. Também é comum sermos julgados por aqueles que não entendem nossas aflições. Muitos se afastam de Deus e da Igreja, por se sentirem acusados e julgados, mas Ana, por não se abalar com o errado julgamento que teve, recebe uma palavra profética de Eli, que roga a Deus que atenda sua petição (v.17).

Quando sai do templo, seu semblante não estava mais abatido. Ana entrou ali com uma pequena chama de fé, mas saiu incendiada e cheia de expectativas, pois entendeu que Deus tinha escutado a sua oração e o seu clamor. Com a história de Ana, aprendemos que não devemos nos render diante das dificuldades e objeções, pois Deus não criou ninguém para a humilhação e a vergonha. Sua palavra garante que a intenção de seu coração é recompensar-nos com dupla honra, para cada dia de vergonha e humilhação. Ana nos ensina sobre o correto posicionamento para que o opróbrio seja quebrado e, assim, se rompa uma nova estação.

Sinceridade e transparência

O pior engano é o autoengano. O primeiro ato para a mudança tão necessária e desejada é a sinceridade. Seja sincero com os próximos, seja sincero com Deus, seja sincero consigo mesmo. Ande na luz, trabalhe com a verdade e apresente a Deus a sua verdade. Não tente esconder de si mesmo sua própria dor, tentando se convencer de que não está doendo.

Ana não escondeu sua dor e seu sofrimento. Seus olhos e o semblante caídos demonstravam o estado de sua alma. Ela não escondeu de seu marido o que estava sentindo, e quando questionada pelo sacerdote Eli, confessou a angústia de sua alma.

Reconhecer é o primeiro passo!

Ana teve uma fé inabalável

Quando tudo dizia não, quando o seu ventre dizia não, quando os médicos diziam não, Ana continuava dizendo sim.Ela simplesmente creu e fez de Deus sua esperança, escudo e fortaleza. Por ter escolhido esperar nele, teve sua resposta e foi recompensada por sua confiança.

Não permita que nenhum fator externo, pressão, cobrança ou informação estranha à fé influencie você. Permaneça firme, e o tempo contará a história de como Deus recompensou a sua fé.

Perseverança no templo e na oração

Existem dois tipos de cristãos: os que oram e os que pedem oração. Os que vivem pedindo oração não desenvolveram o hábito de orar e buscar a Deus por si mesmo, por isso, são cristãos rasos, imaturos e sem raiz profunda. Os anos passam e eles não demonstram nenhum sinal de crescimento espiritual, pois estão sempre oscilando, fracos, questionando tudo e todos. Sem convicção e perspectiva, estão sempre tropeçando e caindo em pecado. Suas experiências com Deus se limitam ao que vivem nos cultos, pois não conhecem a Deus, apenas possuem informações sobre ele.

Aqueles, porém, que aprenderam a orar e buscam por Deus são profundos e possuem um relacionamento verdadeiro com o Pai. Eles nunca cogitam abandonar a fé ou o ministério porque andam por visão, e não por vista, conhecem o Deus a quem servem e sabem como ele age. Em dias bons ou ruins, estão na presença de Deus dando graças por tudo, pois sabem que, no final, todas as coisas terão colaborado para seu bem, pois amam a Deus e confiam em sua Palavra. Eles são fiéis, leais e não desistem nunca, são os recompensados por sua fé.

Invista em sua vida de oração! Mais coisas acontecem quando você ora do que quando você trabalha. Pela fé, em oração, você irá gerar a ação de Deus em resposta à sua demanda. Faça o teste: pare de murmurar e comece a orar.

Desprendimento e doação

Por maior que fosse sua vontade de se vingar de Penina, Ana não deixou seu coração contaminar pelo ódio e desejou somente que sua resposta de oração glorificasse a Deus.

Seu coração era desprovido de todo egoísmo, pois o filho que ela tanto desejava foi devolvido ao Senhor, assim como havia prometido em oração. Ela não estava preocupada em saciar seu ego e sua vaidade.

Não estava construindo um nome para si mesma. O que tinha de mais precioso, seu tão sonhado filho, entregou de bom grado para Deus.

Ana amamentou Samuel e cuidou dele com amor e carinho mesmo sabendo que o levaria para ser criado no Templo, na total dependência de Deus. Samuel nasceu do seu ventre e foi amado por ela ao extremo, mas pertencia a Deus e para ele viveria.

Essa história termina com Ana gerando não um simples filho, mas Samuel, que, mais tarde, se tornaria um dos profetas mais importantes de Israel.

Em gratidão a Deus, ela entoa um cântico:

> *Então, orou Ana e disse: O meu coração se regozija no Senhor, a minha força está exaltada no Senhor; a minha boca se ri dos meus inimigos, porquanto me alegro na tua salvação. Não há santo como o Senhor; porque não há outro além de ti; e Rocha não há, nenhuma, como o nosso Deus. Não multipliqueis palavras de orgulho, nem saiam coisas arrogantes da vossa boca; porque o Senhor é o Deus da sabedoria e pesa todos os feitos na balança. (1Samuel 2:1-3)*

Ana influencia gerações de homens e mulheres tementes a Deus. O rei Davi recita no Salmo 113 parte do louvor de Ana. Maria, mãe de Jesus, recita o *Magnificat* em Lucas 1:46-55 como parte do louvor e adoração que aprendeu com Ana, no exemplo de mulher dedicada a Deus.

Muitos foram os frutos na vida de Ana por sua fé, dedicação e perseverança, independente da humilhação e vergonha que lhe foram impostas. Samuel se tornou o primeiro profeta, de caráter preditivo, trazendo uma geração de bênçãos sobre a face da terra. Ele foi o profeta que ungiu o primeiro rei de Israel, e o que também ungiu o rei Davi. Por ter sido gerado através da oração de sua mãe e criado no templo, é reputado por Deus como um dos maiores intercessores que a terra já teve. Além de Samuel, Ana povoou a terra com outros cincos filhos (2Samuel 2:20,21).

Que a vida e as vitórias de Ana sirvam de inspiração àqueles que agora precisam escolher entre a fé e a desistência. Vidas que têm promessas de Deus e precisam se cumprir, mas que dependem da fé para isso.

Fé e proatividade

Tudo tem o seu tempo determinado, e há tempo para todo propósito debaixo do céu.

Eclesiastes 3:1

A vida é composta por ciclos e estações que não controlamos. De tempos em tempos, somos inseridos em cenários que não construímos, submetidos a crises que não provocamos, levados a lidar com problemas que, na maioria das vezes, não geramos. Para aquele que crê, o vitimismo nunca será uma opção. Ainda assim, por mais sólida que seja a fé, é muito difícil ter de lidar com a injustiça de colher o que não plantamos.

Pais que educaram bem seus filhos, amando-os, instruindo-os e ensinando-os o caminho que devem andar esperam que esse investimento traga resultados e que possam se alegrar neles no futuro, mas às vezes isso não acontece e é muito difícil lidar com a frustração e a sensação de impotência diante das escolhas erradas que fazem. Ter uma alimentação saudável e praticar exercícios físicos deveriam ser garantia de saúde e longevidade, mas muitas vezes vemos pessoas com hábitos saudáveis adquirirem uma enfermidade avassaladora ou terem suas vidas ceifadas de modo injusto. Um motorista atento não está isento da irresponsabilidade do outro na esquina ou na estrada. Uma empresa edificada com honestidade e trabalho duro não fica totalmente imune à falência.

Nem sempre plantar amor na vida do próximo é garantia de que esse amor será correspondido. Você desejar paz com todos não significa que todos desejarão paz com você. Quando não entendemos a crueldade de certas circunstâncias, a tendência é nos vermos como vítimas.

O exemplo de Neemias

> *As palavras de Neemias, filho de Hacalias. No mês de quisleu, no ano vigésimo, estando eu na cidadela de Susã, veio Hanani, um de meus irmãos, ele e alguns de Judá; e perguntei-lhes pelos judeus que escaparam e que restaram do cativeiro e acerca de Jerusalém. E disseram-me: Os restantes, que não foram levados para o cativeiro, lá na província estão em grande miséria e desprezo, e o muro de Jerusalém, fendido, e as suas portas, queimadas a fogo. E sucedeu que, ouvindo eu essas palavras, assentei-me, e chorei, e lamentei por alguns dias; e estive jejuando e orando perante o Deus dos céus. (Neemias 1:1-4)*

Neemias é citado na Bíblia como uma referência de restauração. Sua fé, sua visão, seu ânimo e sua coragem se tornaram uma fonte de inspiração para aqueles que olham à sua volta e só enxergam a necessidade de restauração. Sua reação à terrível notícia que recebera nos mostra que há tempo de chorar, de orar e de agir.

Mesmo sem merecer, Neemias estava no exílio. Ele mesmo nada fizera para estar ali. Cento e cinquenta anos já haviam se passado desde que parte da sua nação, o povo judeu, tinha sido levada à força para o exílio na Pérsia (587 a.C.). Ele mesmo havia nascido no exílio e não teve nenhuma responsabilidade na desobediência de seus antepassados. Quando soube que a situação na terra dos seus avós continuava péssima (cerca de 445 a.C.), Neemias poderia ter se esquivar ou apenas lamentado não ter nascido em Jerusalém, afinal, era uma vítima. Neemias, porém, não se viu como vítima.

Em algum momento de nossas vidas, todos nós seremos vítimas de algo, seja da situação econômica do país, do fato de termos crescido em um lar dividido e desestruturado, da falta de educação e oportunidade de desenvolvimento proporcionada pelos pais, de traição, abandono, injustiça, abuso, agressão, golpes, de sua própria natureza decaída, de decisões erradas ou de qualquer outra coisa. Encarnar o papel da vítima não vai mudar seu presente é muito menos o seu futuro.

Há tempo para tudo debaixo dos céus: tempo de chorar, de orar e de agir. Se queremos que nossa história mude, precisamos, como Neemias, reconhecer que a vida é assim, imprevisível e, por vezes, injusta. Uma coisa é perguntarmos a Deus o que fizemos para merecer tal situação e ter medo de ouvir a resposta por horas a fio, outra é fazer tudo certo e ter que lidar com o revés. Se desejamos mudanças significativas, precisamos abandonar a ideia de que podemos controlar tudo, porque não podemos. A paixão pelo controle só nos faz mais impotentes e incapazes de resolver o que está em nossas mãos.

Jerusalém estava distante e destruída, mas Neemias não julgou perdida a situação. A cidade podia florescer de novo. Ele não se alegrou com o fato, muito pelo contrário. Ele tanto se entristeceu que seu chefe, o rei Artaxerxes, percebeu. Sua tristeza, porém, não era apenas de lamento, mas um desejo, uma vontade de dar a sua contribuição para que aquele cenário mudasse. Era uma tristeza grávida de esperança.

Neemias sabia que nada é impossível para quem governa o universo, e assim como ele nós também precisamos ter essa certeza. Não existe casamento sem solução, e mesmo que a solução não seja a esperada, devemos lutar até o fim. Não existe dívida que não possa ser paga, ainda que precise ser negociada e renegociada, nem hábitos que não possam ser mudados, nem padrões de vida que não possam ser drasticamente alterados. Não há concurso no qual não se possa passar e nem ambiente de trabalho que não possa ser mudado. Não há enfermidade que Deus não possa curar. Contudo, tenha em mente o seguinte: mudanças improváveis são possíveis, mas não necessariamente são fáceis.

Ninguém disse que seria fácil

Não é fácil reerguer-se. Restaurar uma situação a partir de escombros implica em resiliência e superação. Para estacionar na autocomiseração e começar a traçar planos para o que pretendia fazer, Neemias precisou conter as lágrimas. O choro é uma dádiva e as lágrimas aliviam a dor, mas há tempo de chorar e tempo de parar de chorar. A Bíblia diz que o choro pode durar uma noite, mas a alegria vem pela manhã.

Quando chegou a Jerusalém, Neemias teve de enfrentar diversos problemas, e o pior deles foi a oposição do grupo de Sambalate, Tobias e Gesém. Sambalate era o governador da Samaria. Seu nome, de origem babilônica, significa "Sin dá a vida", e Sin era o deus da lua do panteão desse povo. Tobias provavelmente era o governador de Amóm, a leste de Judá, e Gesém provavelmente era um chefe árabe, líder das tribos e dos negociantes do norte da Arábia, que dominava o sul de Judá.

Neemias estava totalmente cercado de oposição política e financeira. Sambalate e Tobias desejavam controlar a Judeia, e, assim como Gesém, temiam rivais no comércio que controlavam, pois a restauração dos muros revigoraria o comércio de Jerusalém.

O verdadeiro inimigo é espiritual

Não poucas vezes nessa vida você estará cercado por opositores que desejam aquilo que é seu, que lhe invejam e que são usados por demônios para te oprimir e desanimar. Neemias e sua equipe precisaram se superar e não foi fácil, pois tiveram de reconstruir os muros com a espada na cintura. Nós não vamos usar espada contra ninguém, pois nossos inimigos são espirituais e nossa batalha não ocorre apenas no campo terreno. Aquele que entende esse princípio tem sua vida transformada.

A visão que gera restauração

Então, de noite, subi pelo ribeiro e contemplei o muro.
(Neemias 2:15)

Neemias contemplou o muro. Nós precisamos comtemplar aquilo que queremos ver transformado. Além disso, também devemos olhar para dentro de nós, pois a mudança tem de começar em nosso interior.

Até o capítulo 4, temos um Neemias irrepreensível. O povo, então, começa a reclamar da elite da qual ele fazia parte, uma vez que ela emprestava dinheiro a juros abusivos e se beneficiava da crise do povo. Ele, porém, se solidarizou com eles.

> *Também eu, meus irmãos e meus moços, a juro, lhes temos dado dinheiro e trigo. Deixemos este ganho. Restituí-lhes hoje, vos peço, as suas terras, as suas vinhas, os seus olivais e as suas casas, como também o centésimo do dinheiro, do trigo, do vinho e do azeite, que vós exigis deles. (Neemias 5:10,11)*

Neemias se incluiu no grupo dos opressores e se propôs a mudar de prática. Ele percebeu que nele também havia erro, pois também era cobrador de juros. Se a restauração não começa em nós, não podemos restaurar nada. A visão que Neemias teve de realizar uma grande obra não o impediu de enxergar suas próprias falhas, e sua vida mudou a partir daí, pois a partir dessa experiência ele pôde olhar para dentro de si mesmo e perceber quem Deus era.

Olhar para dentro de nós mesmos é sempre muito difícil. Queremos sempre que os outros mudem para suprir as nossas expectativas, mas não queremos mudar para suprir as expectativas de Deus a nosso respeito. Só os transformados podem transformar.

O papel da oração

Logo no primeiro capítulo do livro de Neemias, lemos o relato de como as coisas estavam, e com base na reação que ele teve, podemos constatar que não iam nada bem.

> *E sucedeu que, ouvindo eu essas palavras, assentei-me, e chorei, e lamentei por alguns dias; e estive jejuando e orando perante o Deus dos céus. (Neemias 1:4)*

Neemias era um habilidoso assessor do rei Artaxerxes, um competente engenheiro, um estadista inteligente e um brilhante estrategista militar, porém, antes de qualquer coisa, Neemias era um homem de oração. Ele orava porque sabia que é Deus quem cria as oportunidades, que abre e fecha portas, que levanta e derruba governantes. Mesmo quando o rei lhe concedeu os passaportes e os recursos necessários para a viagem, Neemias reconheceu que foi a mão de Deus sobre ele que tornou tudo possível (Neemias 2:8).

Por esse motivo, sua primeira ação diante de qualquer situação deve ser orar. Não é o acaso que cria as condições para a mudança. Não é o caos que oferece oportunidades para novos caminhos. É Deus que intervém.

Neemias orava e Deus lhe dava direção (Neemias 2:12). Sem direção, não adianta ter força. Do que vale correr sem saber seu destino? Quando oramos, temos a oportunidade de ouvir Deus nos chamando. Então, e só então, ele confirma a obra de nossas mãos.

A fé e as mãos

Neemias orava para que Deus fortalecesse suas mãos (Neemias 6:9). Eram elas que iriam realizar, e, para isso, precisavam ser fortalecidas por Deus.

Neemias orava e agia. Ele sabia que a oração não substitui a ação. Ele não orava e cruzava os braços. Na Bíblia, aquietar-se (acalmar-se) não significa cruzar os braços e acomodar-se, mas saber que Deus estará conosco.

Oração e ação devem vir sempre nessa ordem. Nesse caso, a ordem dos fatores altera o produto. Em dois momentos Neemias deixa claro essa equação:

> *Então, lhes respondi e disse: O Deus dos céus é o que nos fará prosperar; e nós, seus servos, nos levantaremos e edificaremos. (Neemias 2:20)*
>
> *Porém nós oramos ao nosso Deus e pusemos uma guarda contra eles, de dia e de noite, por causa deles. (Neemias 4:9)*

Oração não elimina a oposição. Na verdade, todo aquele que se propõe a mudar algo em sua vida ou no mundo em que está precisa saber que a oposição, que estava em silêncio, começará a gritar, numa tentativa de desacreditar e ridicularizar o seu trabalho e sua imagem pública.

> *E sucedeu que, ouvindo Sambalate que edificávamos o muro, ardeu em ira, e se indignou muito, e escarneceu dos judeus. E falou na presença de seus irmãos e do exército de Samaria e disse: Que fazem estes fracos judeus? Permitir-se-lhe-á isso? Sacrificarão? Acabá-lo-ão num só dia? Vivificarão dos montões do pó as pedras que foram queimadas? E estava com ele Tobias, o amonita, e disse: Ainda que edifiquem, vindo uma raposa, derrubará facilmente o seu muro de pedra. (Neemias 4:1-3)*

Se Neemias não tivesse convicção e uma boa autoestima não suportaria tamanha pressão. Quanto você se propõe a restaurar algo que todos dão como destruído, precisa saber o que vai enfrentar. Você será rotulado de muitos adjetivos negativos. Será chamado de fraco, incapaz, fanático e coisas semelhantes, tudo com a única intenção de te desanimar e fazer desistir. Com Neemias aconteceu o mesmo, e diante das conspirações, ele orou (Neemias 4:4), e, apesar da oposição, Deus completou a obra.

Oração deve ser seguida de ação

Uma das principais características de Neemias é que ele agia com confiança. Confiar em Deus gera autoconfiança, e essa confiança lhe inspirava ousadia. Sua coragem se desenvolvia em meio ao medo.

Neemais temeu (Neemias 2:2), mas não se deixou paralisar. Diante do rei, teve a ousadia de pedir o que precisava; diante de seus opositores, teve coragem e não se intimidou; diante da grandiosidade do desafio, não se acovardou, foi e fez. Neemias agia com inteligência e buscou a melhor maneira de fazer o que precisava ser feito, por isso suas ações eram prósperas.

Em seu trabalho, o governador usou seus conhecimentos obtidos num país estrangeiro, e a forma como coordenou a restauração dos muros se tornou referência de administração para especialistas em liderança. O modo como montou motivou e coordenou equipes, e sua capacidade de organização, gerenciamento e controle foram fundamentais para cumprir aquela missão. A liderança de Neemias foi incrivelmente notável por vários aspectos, pois alcançou a meta de reconstruir o muro de uma cidade, sem a ajuda de tratores ou tecnologia de construção moderna, em menos de sessenta dias.

Neemias agiu com um projeto

O trabalho de Neemias teve várias etapas. Ele começou com a reforma patrimonial do muro, mas seu plano também incluía o reavivamento espiritual. Nesse ponto, observamos o poder de uma visão, pois, por saber aonde queria chegar, Neemias chegou. Seu planejamento foi essencial. Quando lemos o relato da reconstrução, notamos que aquele não foi um mutirão desorganizado, mas planejado com detalhes relevantes.

Neemias teve uma visão e percebeu a oportunidade. Ele não ficou parado, mas se organizou e concebeu um projeto detalhado para executar. Planejar vai te ajudar a reconstruir e agir. Planeje, mas tire seu projeto do papel. É melhor, embora não sábio, fazer sem planejar do que planejar sem fazer.

Neemias agiu com persistência

Diante da distância em que se encontrava, Neemias persistiu e fez a caminhada até Jerusalém. Para fazer essa viagem, ele precisava de autorizações, e as obteve.

Se você desistir, nunca saberá o que teria sido se tivesse continuado sua jornada. Um vencedor é um perdedor que não desistiu. Quem persiste sempre chega e, muitas vezes, no lugar daqueles que desistiram. Sua vida está no chão? Persista na reconstrução. O mundo ao seu redor está ruindo? Não desista, pois haverá recompensa para a sua persistência.

Diante da oposição, Neemias persistiu, e essa oposição lhe fez bem, pois exigiu que ele orasse mais, que planejasse mais, que caprichasse mais. O exemplo de Neemias serve para todos nós, por isso não desanime porque ficou difícil, permaneça na sua posição e não se intimide com a oposição, pois você não foi chamado para agradar a todos, mas sim para agradar a Deus. É inocência achar que todos vão torcer por você.

Diante do gigantismo do trabalho a ser desenvolvido, Neemias persistiu, recrutou gente, organizou gente, estimulou gente. Poucos são os obreiros, mas se você for um deles, não olhe para o que ainda precisa ser feito, e sim para o que já foi realizado. A promessa bíblica é clara: quem começou a obra em você e através de você é fiel para completá-la (Filipenses 1:6).

Diante da ameaça do inimigo, Neemias persistiu, mesmo tendo que transformar uma obra civil (a reconstrução dos muros) numa operação militar. Diante das intrigas internas, ele foi incansável e chamou para si a responsabilidade de resolvê-las todas.

Diante das críticas, Neemias continuou

Não é fácil ser criticado, não temos bons ouvidos para ouvir críticas. Gostamos mais dos elogios. A crítica faz nascer em nós sentimentos incontroláveis. Sentimo-nos invadidos, desrespeitados, desconsiderados. No entanto, ela faz mais por nós do que os elogios, porque nem toda crítica é destrutiva, algumas podem vir para o bem.

Neemias foi criticado pelo povo e reconheceu seu erro, parou de emprestar dinheiro a juros, se arrependeu da usura e seguiu em frente. Ele se conectou com Deus e ampliou a sua obra, que deixou de ser apenas de engenharia material para ser engenharia espiritual, cujo resultado foi um reavivamento nacional.

E você, tem recebido críticas pelo que tem feito? Veja se são justas. Se forem, mude sua postura, confesse. Se não, apague-as do seu coração, para que não virem mágoas. E o mais importante: Não perca o foco do que precisa ser feito, concentre-se naquilo que Deus te chamou a fazer. O resto é resto. Peça a Deus para fortalecer suas mãos. Ele é o seu recomeço. Nele está a sua reconstrução.

A fé que rompe limites

> *E Jesus lhes disse: Por causa da vossa pequena fé, em verdade vos digo que, se tiverdes fé como um grão de mostarda, direis a este monte: Passa daqui para acolá, e há de passar; e nada vos será impossível. (Mateus 17:20)*

Deus espera de nós uma resposta de fé para todas as suas promessas. A figura que ele usa para ilustrar com deve ser a nossa fé é a do grão de mostarda, que em Marcos 4:31 é chamado de "a menor de todas as sementes sobre a terra". Um grão de mostarda tem um diâmetro que varia de 0,95 a 1,1 mm. Essa semente é tão pequena que precisa ser observada com uma lente se quisermos vê-la nitidamente.

Com essa comparação, Jesus não quis dizer que aprova a pequena fé, pois em todos os quatro evangelhos ele critica a falta de fé dos discípulos e os desafia a crescer em fé, como vimos nos capítulos anteriores. A ilustração remete ao poder e velocidade de crescimento do grão de mostarda quando plantado.

Esse grão extremamente pequeno, que quase não pode ser visto a olho nu, se transforma, no espaço de 1 ano, num grande arbusto, com galhos de cerca de 2,5 a 3 metros. Assim como ele, também deve ser a nossa fé. Ela começa pequena, mas precisa ser acresecentada para evoluir e gerar frutos. Quanto maior for a medida de nossa fé, maior será a ação gerada por ela, pois fé é movimento. A fé não enxerga limites, ela os rompe. A fé só enxerga a Deus e suas infinitas possibilidades.

A cura do paralítico de Cafarnaum

Aos 30 anos de idade, depois de ser batizado por João Batista, iniciando seu ministério, Jesus mudou-se para Cafarnaum, pois não havia encontrado fé em Nazaré. Aquela cidade havia se tornado sua casa, o quartel-general de seu ministério, e muitos vinham ouvi-lo. Em meio à multidão que vinha ouvir a Palavra, havia um paralítico acompanhado de seus quatro amigos.

> *E, alguns dias depois, entrou outra vez em Cafarnaum, e soube-se que estava em casa. E logo se ajuntaram tantos, que nem ainda nos lugares junto à porta eles cabiam; e anunciava-lhes a palavra. E vieram ter com ele, conduzindo um paralítico, trazido por quatro. E, não podendo aproximar-se dele, por causa da multidão, descobriram o telhado onde estava, e, fazendo um buraco, baixaram o leito em que jazia o paralítico. E Jesus, vendo-lhes a fé, disse ao paralítico: Filho, perdoados estão os teus pecados. E estavam ali assentados alguns dos escribas, que arrazoavam em seu coração, dizendo: Por que diz este assim blasfêmias? Quem pode perdoar pecados, senão Deus? E Jesus, conhecendo logo em seu espírito que assim arrazoavam entre si, lhes disse: Por que arrazoais sobre estas coisas em vosso*

coração? Qual é mais fácil? Dizer ao paralítico: Estão perdoados os teus pecados, ou dizer-lhe: Levanta-te, e toma o teu leito, e anda? Ora, para que saibais que o Filho do Homem tem na terra poder para perdoar pecados (disse ao paralítico), a ti te digo: Levanta-te, toma o teu leito, e vai para tua casa. E levantou-se e, tomando logo o leito, saiu em presença de todos, de sorte que todos se admiraram e glorificaram a Deus, dizendo: Nunca tal vimos. (Marcos 2:12)

Ser paralítico naquele tempo era diferente de ser paralítico nos dias atuais. Hoje, a tecnologia permite ao paralítico fazer praticamente tudo: dirigir, praticar esportes, trabalhar, viajar, conectar-se com o mundo e muito mais.

Tenho um grande amigo, Octaviano "Taiu" Bueno, que é considerado um dos maiores nomes do surf da década de 1980. Em 1991, surfando em Paúba, uma praia do litoral norte de São Paulo, ele sofreu um grave acidente que o deixou tetraplégico. No entanto, apesar de todo o sofrimento envolvido, ele se transformou em um dos maiores exemplos de superação que eu já conheci. Taiu virou locutor de campeonato, colunista de revista de *surf*, escreveu um livro, voltou a surfar com uma prancha adaptada para sua necessidade, se comunica com mundo usando um mouse adaptado, casou-se, teve duas filhas gêmeas, tornou-se missionário da Bola de Neve e pode sempre ser visto com a família, feliz da vida, passeando com sua cadeira de rodas elétrica na praia de Pitangueiras, no Guarujá.

No início dos trabalhos da primeira igreja que fundamos no litoral, em Boissucanga, conhecemos a Carla, uma moça linda e doce que também havia sofrido um acidente que a deixou numa cadeira de rodas, paraplégica. Independente dos limites físicos com os quais precisou lidar, ela se formou em Direito, casou-se, teve dois filhos e se tornou pastora na Bola de Neve em Santos.

Nos dias de Jesus as coisas não eram assim, pois não havia toda a acessibilidade que vemos hoje. Naquele tempo, ser paralítico era depender dos outros para quase tudo, e a maior característica da paralisia é a limitação que ela impõe a alguém. Os limites podem engessar suas vítimas, e elas, então, não realizam, não rompem, não conquistam, não mudam, não progridem. Os anos passam e nada muda, elas não constroem, não crescem, não frutificam.

Por outro lado, há aqueles que, embora possuam movimentos físicos perfeitos, estão na mesma condição do paralítico de Cafarnaum: limitados, frustrados e impotentes. São pessoas que, por outras situações, que não físicas, estão engessadas, estagnadas, sem alternativas, paralisadas.

Você percebe que essa é sua condição quando está envolvido em circunstâncias que te impossibilitam, te delimitam, traçando uma linha ao teu redor e impedindo o seu avanço. Nesse lugar, a alegria, a satisfação e a paz evaporam. A impressão que se tem é a de que você vive pior do que poderia estar vivendo, sempre aquém do ideal. Esses sentimentos são potencializados por capítulos que você preferiria não ter que escrever, por circunstâncias que você preferia não ter que viver, pois envolvem perdas, dor, luto, angústia e opressão.

A sensação é a de que por maior que seja a dedicação, o empenho e o sacrifício envolvidos, eles nunca serão suficientes. O monstro se torna mais forte que você, te esgota, te desanima, te desilude. Você perde a vontade de avançar além da linha que o fracasso desenhou. Acomoda-se com o mínimo que a vida tem a te oferecer. Aceita os limites e perde a vontade de viver. O resultado é:

- *Inércia.* Entenda aqui como preguiça, indolência. Para quê continuar se nada vai mudar?
- *Omissão.* Você abre mão, desiste. É mais fácil encher a cara de remédio e fingir que nada aconteceu.
- *Apatia.* Você passa a assistir de camarote sua vida desmoronando, se esvaindo, sem nenhuma reação. Deixa de lutar e de acreditar.

É assim que casamentos acabam, ministérios são roubados e sonhos são abortados. Quais limitações impostas normalmente nos paralisam?

Problemas de ordem sentimental

Situação 1: Você se casou idealizando o casamento dos sonhos, mas o tempo o passou e agora você deseja processar o pastor por propaganda enganosa.

Situação 2: Seu meu marido não lhe dá atenção, não conversa com você, não escuta mais o que você diz. A única maneira possível de conversar com ele é falar enquanto ele dorme.

Problemas de ordem financeira

Situação 1: O dinheiro está em falta e agora você entra nas lojas só para dar uma olhadinha. O boleto da faculdade está atrasado e você está andando com o carro batido.

Situação 2: Você fez o seu marido milionário! Antes disso, ele era bilionário.

Problemas de ordem profissional

Situação 1: Instabilidade de empregos. Ter um trabalho estável hoje em dia é privilégio de poucos.

Situação 2: Você investiu anos em estudo, mas os planos não aconteceram como esperava e você desistiu de trabalhar na área em que se especializou. Agora, você está limitado pelos traumas, infeliz no que faz, com medo de tentar de novo e não dar certo.

Pecado, o fracasso para com Deus

O pecado enjaula o ser humano e o afasta de Deus, aproximando-o das trevas. Ele afeta o seu relacionamento com Deus e te de seu amor, sua paz, sua unção e, consequentemente, te priva de todas as bênçãos de Deus.

Nada nos paralisa mais que o pecado. Ele coloca uma bola de ferro em nossos pés e nos obriga a trabalhar para ele. Você não aguenta mais pecar, cansou de fazer as pessoas que te amam sofrer, sabe que o pecado lhe trará consequências nefastas, mas não consegue reagir, pois ele fez de você seu escravou e o aprisionou em um calabouço de mentiras e justificativas, que te desqualifica, envergonha, acusa e lhe rouba a paz.

Ninguém que conheça as consequências do pecado quer pecar conscientemente. Um abismo chama outro abismo e você peca e continua pecando para esconder o pecado anterior.

No primeiro jantar com a família de uma antiga namorada, eu, com meus vinte anos de idade, fui ajudá-la a buscar a sobremesa na cozinha.

Brincando, fingi lutar boxe com ela e desferi golpes no ar. Por um descuido, um soco foi próximo demais e *"bum!"* acertei bem a boca dela. Seus lábios incharam na hora e pensei: "E agora? Como vamos chegar na sala com a boca dela assim? O que vamos dizer, que no primeiro encontro formal com a família dela eu logo lhe dei um soco?"

Obviamente, perguntaram o que aconteceu. Inventamos para eles que foi uma picada de abelha. No entanto, um abismo chama outro abismo e a mentira exige outras mentiras para sustentar a primeira. Alguém falou: "Mas abelha aqui?" Realmente não fazia sentido, já que o apartamento ficava em um andar alto, então, dissemos: "Foi antes, mas só inchou agora".

Quando você cai em si, percebe que é em situações pequenas como essa que você se torna refém do pecado.

O paralítico queria ser curado

O paralítico creu em Jesus e quis a mudança, e para que ela pudesse acontecer, contou com a ajuda de seus amigos. Um ponto importante a ser enfatizado aqui é a importância de se ter amigos e de se deixar ser ajudado por eles. Amigos podem ser coveiros ou parteiros: ou eles vão te ajudar a dar à luz ou vão enterrar seus sonhos e esperanças.

Os amigos do paralítico creram que Jesus podia curá-lo e o levaram até ele. Um deles sobe no telhado, imagino que o mais magrinho; os outros creram e eintercederam por ele, e Jesus agiu em resposta à fé daquelas pessoas.

Para toda história de conversão, há uma história de intercessão. Há sempre alguém de joelhos por detrás da ação de Deus, há sempre alguém nos bastidores, orando para que Deus trabalhe no palco principal. Uma fé que leva à ação, que não mede esforços, é o tipo de fé que chama a atenção de Jesus, pois é cheia de convicções e certezas. A ação de Jesus depende de nossa fé.

Voltando ao cenário da casa destelhada, o que ocorre é surpreendente. Jesus afirma: "Teus pecados estão perdoados". Isso sugere que o maior problema dele não era a paralisia, mas sim o pecado. Talvez os pecados fossem a causa de ele estar ali.

O mundo é regido por leis espirituais que Deus estabeleceu, e transgredir essas leis é pecar. Deus nos ama, não tem nenhum interesse em nos castigar, mas a raiz da maioria dos problemas é o pecado. Identifique, confesse e abandone seus pecados. As correntes que te limitam podem ser rompidas, pois "foi para a liberdade que Cristo nos libertou" (Gálatas 5:1).

Os pecados te afastam de Deus, mas a graça de Cristo Jesus nos proporciona reconciliação. Em paz com Deus, estarei em paz comigo mesmo e com o próximo. Em Cristo está minha salvação, minha cura, minha regeneração e meu crescimento espiritual. Ele cura o enfermo (v.11).

Quando os pecados estão perdoados, a enfermidade é denunciada e perde sua base legal. Quando pecados são perdoados, há libertação, e então você pode se levantar, tomar o seu leito e voltar para casa transformado.

A oração como meio de comunicação da fé

> *E tudo o que pedirdes na oração,*
> *crendo, o recebereis.*

> Mateus 21:22

A oração é o veículo de comunicação entre os homens e Deus. Mais do que isso, é a forma pela qual o Senhor cumpre seus propósitos e tem o poder inacreditável de cativar o coração do Pai e mudar o curso da História. A oração é a energia fundamental no Reino. É aquilo que coloca a fé em movimento e traz à realidade aquilo que não existe. Quando são numerosas, intensas e eficientes, as orações acionam o sobrenatural e fazem com que o agir de Deus ganhe novas formas. Jesus, ao longo de seu ministério, ensinou que não devemos apenas orar, mas viver continuamente uma vida de perseverança e fé.

> *E contou-lhes também uma parábola sobre o dever*
> *de orar sempre e nunca desfalecer, dizendo: Havia*
> *numa cidade um certo juiz, que nem a Deus temia,*

nem respeitava homem algum. Havia também naquela mesma cidade uma certa viúva e ia ter com ele, dizendo: Faze-me justiça contra o meu adversário. E, por algum tempo, não quis; mas, depois, disse consigo: Ainda que não temo a Deus, nem respeito os homens, todavia, como esta viúva me molesta, hei de fazer-lhe justiça, para que enfim não volte e me importune muito. E disse o Senhor: Ouvi o que diz o injusto juiz. E Deus não fará justiça aos seus escolhidos, que clamam a ele de dia e de noite, ainda que tardio para com eles? Digo-vos que, depressa, lhes fará justiça. Quando, porém, vier o Filho do Homem, porventura, achará fé na terra? (Lucas 18:1-8)

Nessa parábola de Jesus, vemos uma mulher desesperada, mas que com diligência trouxe de volta a esperança. Presa na esfera de desespero, ela não abriu mão do que queria e provocou o sucesso onde não existia. Assim também acontece quando oramos e buscamos incessantemente a presença de Deus. Ele, que é nosso Pai, sabe o momento certo de nos abençoar e de atender ao nosso clamor. Cabe a nós a oração constante e a perseverança na fé de que ele realizará sempre o melhor para nós.

As primeiras aulas de persistência foram ministradas no sermão do Monte:

Pedi, e dar-se-vos-á; buscai, e encontrareis; batei, e abrir-se-vos-á. Porque, aquele que pede, recebe; e, o que busca, encontra; e, ao que bate, abrir-se-lhe-á. (Mateus 7:7,8)

O agir de Deus sempre será precedido por ondas de oração. Quando Deus entra na história, ele o faz em resposta ao seu clamor. Tudo parece tão simples e, ao mesmo tempo, tão complexo. Há muita gente estagnada, inerte, sem sair do lugar, dizendo: "Se Deus sabe do que eu preciso, então por que orar? Se a Bíblia já fez a promessa e ela vai se cumprir, por que orar? Se é isso que a vida me propõe, se é isso o que tenho que viver e meu papel é aceitar, o que mais posso fazer?" E assim, passivamente, não há resistência. Na falta da oração há falta de resultado, que gera desânimo, frustração e apostasia. Isso enfraquece a sua fé e, consequentemente, abala a sua vida espiritual.

Uma vida de oração

Vejamos a história de Daniel:

> *No ano primeiro de Dario, filho de Assuero, da linhagem dos medos, o qual foi constituído rei sobre o reino dos caldeus, no ano primeiro do seu reinado, eu, Daniel, entendi pelos livros que o número de anos, de que falou o Senhor ao profeta Jeremias, em que haviam de acabar as assolações de Jerusalém, era de setenta anos. E eu dirigi o meu rosto ao Senhor Deus, para o buscar com oração, e rogos, e jejum, e pano de saco, e cinza. (Daniel 9:1-3)*

Daniel era um estadista, homem sábio e profeta, que foi levado para o exílio babilônico com 14 anos. No tempo da passagem que lemos (586 a.C.), ele está com 82. Sobre ele estava o espírito de excelência, temor e reverência, como veremos a seguir.

"Entendi pelos livros"

Daniel era um homem estudioso. Ele interpretava sonhos, tinha visões, habilidades proféticas apuradas, intimidade com Deus e uma vida de oração, mas seu nível de revelação era fundamentado pela Palavra. A informação traz entendimento. É só por meio da Bíblia que você irá entender o que Deus tem para sua vida.

"De que falara o Senhor ao profeta Jeremias"

O profundo conhecimento que Daniel tinha sobre as Escrituras, a unção derramada sobre sua vida e ministério e a facilidade que tinha para fluir no sobrenatural não o ensoberbeceram. Ele não desprezou o ensino ministrado por Jeremias, mas submeteu-se às suas instruções. Esse é um dos motivos de suas orações serem ouvidas: Daniel tinha humildade.

Como é feio vermos pessoas se esquecendo de seus pais espirituais, deslumbrando-se com a unção e isolando-se por acharem que podem caminhar sozinhos. Reconheça, respeite e honre aqueles que plantaram para você colher. Aquele que desrespeita sua paternidade espiritual não é digno de sua amizade ou confiança. Quem difama e critica o próprio pastor é capaz de qualquer coisa.

"Era de setenta anos"

Nada pode ser melhor do que pedir o que Deus já prometeu. Daniel tinha a promessa: setenta anos. Ele orou e clamou com base naquilo que o Senhor já havia prometido a ele.

Os setenta anos estavam se cumprindo. Daniel estava ali por 65 anos, mas sabia que a redenção passava pelo arrependimento, pelo quebrantamento, e que isso ainda não havia acontecido. O povo ainda se perguntava se valia a pena servir a Deus.

"Saco e cinza"

O medo nos molda, e Deus permite que ele recaia sobre nós para que, assim, nos quebrantemos com sentimento de urgência. Nossas mentes, então, ficam aptas para receber e obedecer à revelação divina. Em diversas oportunidades Deus nos deixa sentir como seria a nossa vida sem o nosso ministério, nosso emprego, nossa família, e sua presença. Nessas horas, somente pano de saco e cinzas.

A oração de Daniel

Daniel começa sua oração no capítulo 9 fazendo uma confissão de pecados coletiva, que vai do versículo 5 ao 15. Ele clama coletivamente porque todas as classes estavam envolvidas na negligência e desobediência.

Em Jeremias também vemos que todos tinham que se arrepender para que o favor de Deus fosse recebido.

> *E eu pronunciarei contra eles os meus juízos, por causa de toda a sua malícia; pois me deixaram a mim, e queimaram incenso a deuses estranhos, e se encurvaram diante das obras das suas mãos. (Jeremias 1:16)*

> *Porventura, não se lembrou o Senhor, e não lhe subiu ao coração o incenso que queimastes nas cidades de Judá e nas ruas de Jerusalém, vós e vossos pais, vossos reis e vossos príncipes, como também o povo da terra? (Jeremias 44:21)*

Daniel também reconhece que errou individualmente, sem transferir sua culpa. Ele admite que as consequências do censo tinham uma raiz, assumindo a responsabilidade sobre seus atos. Quando reconhecemos os nossos erros e nos limpamos dos nossos pecados, abrimos caminho para as bênçãos de Deus.

> *Na verdade, ó Senhor, nosso Deus, que tiraste o teu povo da terra do Egito com mão poderosa e ganhaste para ti nome, como se vê neste dia, pecamos; procedemos impiamente. (Daniel 9:15)*

Daniel também é grato e reconhece o que o Senhor fez pelo seu povo. Quando nos esquecemos com muita facilidade do que Deus fez por nós, nos tornamos ingratos, amargurados, murmuradores e incrédulos. Passamos a ser pesados e negativos. Reconheça o que Deus já fez por você. A ingratidão faz a sua fé murchar.

> *[...] guardas o concerto e a misericórdia para com os que te amam e guardam os teus mandamentos. (Daniel 9:4)*

Daniel reivindica a aliança do Senhor com o seu povo. Ele reconhece que a misericórdia e o perdão pertencem a Deus e acrescenta que a cidade e o povo são chamados pelo nome do Senhor.

A ORAÇÃO COMO MEIO DE COMUNICAÇÃO DA FÉ

Estando eu, digo, ainda falando na oração, o varão Gabriel, que eu tinha visto na minha visão ao princípio, veio voando rapidamente e tocou-me. (Daniel 9:21)

O anjo veio rapidamente ao encontro de Daniel e o tocou. Tudo o que precisamos é de um toque capaz de mudar a nossa existência.

A perseverança na oração, o reconhecimento dos nossos pecados e a gratidão pelo que o Senhor já realizou em nossas vidas faz com que as nossas orações sejam atendidas. Quando o Senhor nos toca, ele elimina a ansiedade, o medo, a tristeza, o desespero e traz a força, o entendimento, o ânimo e a disposição. Reconheça que tudo o que você precisa é ser tocado por Deus. Ele quer te abençoar e que você entenda a visão. Ele te ama!

Ensina-nos a orar

Não há outra atividade entre os homens que seja tão universal quanto a oração. Ela pode ser encontrada em cada cultura, civilização e época, e em cada continente. Dos povos mais primitivos aos mais evoluídos, podemos encontrar pessoas fazendo orações.

Para os céticos, a oração é uma invenção humana projetada para amenizar os medos, as frustrações e a ansiedade do homem, restringindo-se a uma experiência psicológica que tranquiliza a mente e ajuda a lidar com os desafios da vida. Mesmo assim, a questão precisa ser respondida: Por que o homem ora? Centenas de milhões de pessoas em todo o mundo participam desse ritual todos os dias em todas as línguas, raças, faixas etárias e classes sociais. Por que nós oramos? A oração funciona? Ela faz alguma diferença? Pode mudar as circunstâncias? Afeta o nosso destino?

A oração é uma prática comum de todos os personagens bíblicos e de milhares de cristãos em todo o mundo. O próprio Jesus tinha um profundo compromisso com a oração. A Bíblia revela o impacto direto da oração na vida e nas circunstâncias e situações que ele enfrentou. Ela também revela que cada um de nós possui poder para influenciar a terra, mudar as circunstâncias e transformar histórias por meio da oração.

> *E aconteceu que, estando ele a orar num certo lugar, quando acabou, lhe disse um dos seus discípulos: Senhor, ensina-nos a orar, como também João ensinou aos seus discípulos. (Lucas 11:1)*

Os discípulos estavam presentes, mas não estavam envolvidos. Só Jesus estava orando. O que eles estavam fazendo? Observando. Quando a Bíblia menciona que Jesus estava orando, ela nos diz coisas bem específicas:

> *E, despedida a multidão, subiu ao monte para orar à parte. E, chegada já a tarde, estava ali só. (Mateus 14:23)*

> *E aconteceu que, naqueles dias, subiu ao monte a orar e passou a noite em oração a Deus. (Lucas 6:12)*

> *E, levantando-se de manhã muito cedo, estando ainda escuro, saiu, e foi para um lugar deserto, e ali orava. (Marcos 1:35)*

A impressão que temos é que Jesus nunca orava com seus discípulos. Para buscar a Deus, Jesus se isolava, de forma intencional, exatamente para despertar sua atenção sobre esse aspecto de seu ministério e ensinar que a oração é uma responsabilidade particular. A oração coletiva jamais deveria ser um substituto para um momento pessoal com Deus.

Quando os discípulos pedem para que Jesus os ensine a orar, isso significa que a oração não era algo que eles pensavam ser capazes de fazer sem instrução. Como judeus, os discípulos foram criados na sinagoga e no templo onde foram ensinados a orar. Parte de seu ritual era orar na sinagoga lendo e repetindo as orações. No entanto, as orações de Jesus eram diferentes daquelas que eles estavam acostumados.

Eles perceberam que havia algo diferente quando Jesus orava. Eles oravam, mas ele intercedia. Eles se ocupavam, mas ele é quem conseguia os resultados.

O que é a oração?

Para respondermos esse pergunta, precisamos, antes, entender a estrutura de autoridade estabelecida por Deus entre o céu e a terra:

> *E disse Deus: Façamos o homem à nossa imagem, conforme a nossa semelhança; e domine sobre os peixes do mar, e sobre as aves dos céus, e sobre o gado, e sobre toda a terra, e sobre todo réptil que se move sobre a terra. E criou Deus o homem à sua imagem; à imagem de Deus o criou; macho e fêmea os criou. (Gênesis 1:26,27)*

Essas palavras são decisivas na compreensão do princípio da oração. Com essa declaração, o Criador estabeleceu o domínio do homem sobre a terra e definiu as fronteiras do direito legal de autoridade que ele teria. Isso está baseado no princípio da integridade de Deus e seu comprometimento com a Palavra.

O fato de colocar sua palavra acima de todas as coisas, incluindo seu nome, é um princípio importante, porque um dos conceitos hebraicos para *nome* é "o próprio ser". Aplicando-se esse princípio, Deus coloca sua palavra acima de si mesmo, e todas as vezes que Deus fala, está voluntariamente obrigado a obedecer à sua própria palavra. Portanto, qualquer lei de Deus é uma lei para Deus.

Ao dizer "tenha ele", e não "tenhamos", Deus criou leis primárias que regem o sistema de autoridade espiritual na terra. A autoridade legal para dominar a terra foi dada somente ao homem. O homem é um espírito que vive em um corpo físico, portanto, somente espíritos com corpos físicos podem legalmente exercer domínio sobre a terra. Qualquer espírito sem corpo está ilegalmente aqui, e qualquer interferência ou influência do mundo sobrenatural no reino terrestre somente será legal por intermédio da humanidade. O próprio Deus, que é espírito sem um corpo físico, submeteu-se a essa lei. Sendo assim:

- a autoridade legal na terra está nas mãos dos homens;
- Deus não violará sua lei e sua palavra;
- toda ação de Deus será uma resposta à oração do homem;
- nada acontecerá na terra sem a participação ativa do homem, que é a autoridade legal;
- Deus deve obter a concordância e a cooperação de alguém para qualquer coisa que deseje realizar na terra.

Esses princípios são essenciais para compreendermos a natureza e o poder da oração. Por meio dela, o homem concede a Deus o direito de interferir nos assuntos da terra e exerce sua autoridade legal para invocar a influência do céu sobre o nosso planeta.

Cada ação divina na Terra envolveu um ser humano. Para salvar a humanidade do dilúvio, Deus precisou de Noé. Para a criação de uma nação, ele precisou de Abraão. Para liderar a nação de Israel, precisou de Moisés. Para trazer Israel de volta do cativeiro, precisou de Daniel. Para tomar a Terra Prometida, precisou de Josué. Para a preservação dos hebreus, precisou de Ester. Para a salvação da humanidade, precisou se tornar um homem.

A oração não é uma opção, mas uma questão de sobrevivência. Se suas orações não subirem aos céus, Deus não pode interferir na sua vida. Isso significa que você precisa assumir a sua responsabilidade e determinar o que acontece por aqui, por intermédio da oração.

É tempo de usar a chave

Minha irmã Priscila, que se tornou a pastora Priscila, foi a primeira pessoa que tentei evangelizar quando me converti. Naquela época, ela tinha um cabelo loiro blondor e sempre jantava de óculos escuros para esconder os olhos vermelhos de tanto fumar maconha, e não queria saber de outra coisa a não ser curtir.

Certa noite, eu cheguei em casa da praia e tentei pregar para ela. Mas ela entrou no quarto com as amigas e, depois do ritual do cachimbo da paz, começaram a dançar e a ouvir no último volume uma música do Cidade Negra que dizia: "Deus é a vontade de estar feliz". "E agora?", eu pensava. Eu não podia fazer muita coisa naquele momento, mas o que eu podia fazer, fazia: orava.

No ano que nossa Igreja estava começando, minha família foi quase destruída. Meu pai, que depois se converteu, caiu em pecado de adultério e minha mãe descobriu e saiu de casa junto com a minha irmã. Eu tentava conversar com o meu pai e mostrar para ele o tamanho e as consequências daquele erro, mas ele ficava transtornado e não me ouvia. O que me restava fazer, fazia: eu orava por ele.

Na época da minha conversão, tentava levar meus amigos para a igreja. Um deles, chamado Handy, ia mas não entrava; ficava gritando: "Vamos buscar!". Era sua forma de dizer que iriam usar crack. Um dia, fiz uma lista de oração e seu nome era um dos primeiros. Alguns anos depois ele se converteu. Eu fiz seu casamento e ele se tornou um homem de Deus.

Em Natal, no Rio Grande do Norte, o pastor Santos, líder da Bola de Neve naquela cidade, me pediu para orar por um menino que sofreu um problema no coração e ficou sem oxigênio no cérebro, o que causou algumas lesões cerebrais. O diagnóstico era que provavelmente ele iria vegetar. O que pudemos fazer, fizemos: oramos por ele. Quinze dias depois, recebi um vídeo gravado pelo próprio menino, em que ele joga bola e agradece pela oração.

Citei todos esses exemplos para mostrar que os céus precisam da sua licença para impactarem a Terra. Você pode fazer diferença e mudar o curso da história se usar a chave e apenas entender o poder de uma oração.

Orações trazem resultados

Assim que me casei, fui morar em um apartamento com muitas janelas grandes, que me davam vista para a rua e outros prédios. Numa tarde, enquanto orava, gesticulando e andando de um lado para o outro, percebi que alguns vizinhos me observavam intrigados, pois a impressão que tinham é que eu estava falando sozinho. Então, eu ri sozinho e lembrei a mim mesmo: "Eu oro porque sei que Deus escuta" (João 11:42).

A oração é uma experiência solitária para muitos de nós. Concordamos que ela é importante, mas secretamente nos perguntamos: Deus realmente me ouve quando eu oro? Por que parece que minhas orações batem no teto e voltam para mim? Por que a oração é uma disciplina tão enfadonha? Esta última em especial é uma questão que se potencializa quando nossas orações não são respondidas como esperamos.

Consequências de orações não respondidas

Uma oração não respondida é o maior obstáculo para o desenvolvimento da fé. Ficamos desapontados e nos sentimos frustrados quando Deus não responde nosso clamor. Há pessoas que perderam totalmente a fé por causa de uma oração não respondida. Esse tipo de expectativa frustrada faz com que, para muitos, a oração se transforme na prática de um exercício religioso sem esperança de resultados. Nossas experiências decepcionantes com a oração nos fazem pensar se Deus realmente nos ouve.

Esperamos que as coisas funcionem, portanto, quando não há uma resposta, isso tem um efeito sobre nós.

A dor emocional e espiritual pode ser profunda e devastadora, nos trazendo tristeza, desespero, amargura e rebelião. Ela pode minar os fundamentos de nossa fé e nos levar aos seguintes resultados:

- nos sentimos abandonados, imaginando que ele não se importa com os nossos problemas;
- começamos a duvidar de seu amor por nós;
- começamos a vê-lo como alguém indiferente, e não mais como um Pai amoroso;

- questionamos o caráter de Deus e sua integridade;
- começamos a desconfiar dele, coisas cristalizam dentro de nós;
- sentimos como se nossa vida fosse instável e desajustada;
- questionamos nosso chamado, e, dessa forma, abandonamos um propósito maior de Deus para nossa vida.

Quando experimentamos as consequências de orações não respondidas, somos tentados a fazer a pergunta de Jó: "Quem é o Todo-Poderoso, para que nós o sirvamos? E que nos aproveitará que lhe façamos orações?" (Jó 21:15). Hoje em dia, muitos cristãos estão experimentando uma vida de pouca vitória sobre o pecado, pouco progresso espiritual, ministério infrutífero, pobreza e outros problemas similares. Há alguma conexão entre esse quadro de confusão e a falta de oração? É muito provável que haja uma forte conexão.

Muitos simplesmente não sabem como ou por que orar. Para essas pessoas, a oração não é apenas uma atividade, mas um ritual, uma obrigação. É a comunhão e a comunicação com Deus que toca o seu coração. Quando entendemos esse princípio, começamos a nos comunicar com Deus com poder, graça e confiança.

O segredo do sucesso do ministério de Jesus

De todas as coisas que os discípulos de Jesus observavam seu Mestre fazer e dizer, a Bíblia registra que orar foi a única que eles pediram que ele lhes ensinasse. Por que os discípulos pediram para Jesus ensiná-los a orar em vez de fazer "grandes coisas", como alimentar multidões, curar, ressuscitar os mortos? É porque eles viram Jesus orar mais que qualquer outra coisa. Os discípulos viviam com Jesus. Eles iam a todos os lugares com ele e o observaram por três anos e meio.

A ORAÇÃO COMO MEIO DE COMUNICAÇÃO DA FÉ

Com base nas Escrituras, podemos deduzir que Cristo orava aproximadamente por quatro horas, todas as manhãs, além de fazê-lo em outras ocasiões, como de madrugada (Marcos 1:35).

Ele se levantava enquanto os outros ainda dormiam e se retirava para um lugar solitário para falar com o Pai. Os discípulos acordavam e perguntavam: "Onde está o Mestre?". Quando finalmente o encontravam, viam que estava orando. E todas as manhãs eram assim. Jesus passava horas na presença de Deus. Então, quando saía para cidades e aldeias, levava poucos minutos para curar um cego. Eram horas orando e poucos segundos produzindo. Frequentemente, Jesus agia assim, e os discípulos, provavelmente, achavam impressionante o tamanho da importância que ele dava para a oração.

Nós não entendemos essa verdade ainda. Passamos poucos minutos na presença de Deus, e gastamos todo nosso tempo e energia fazendo outras coisas. Martinho Lutero deu início à Reforma que criou o movimento protestante e mudou o curso do mundo. Ele disse algo de muito impacto: "Quando tenho muita coisa para fazer no dia, passo mais tempo em oração, pois mais coisas são feitas por intermédio da oração do que pelo próprio trabalho".

Jamais podemos estar ocupados demais para orar, pois a oração nos torna muito mais centrados, eficientes e tranquilos. Uma hora com Deus pode significar muitas horas de trabalho realizado, pois você não mais estará ocupando-se de lutas e erros. Deus lhe dirá o que é realmente importante entre tudo o que parecer urgente. Ele lhe dirá o que você deve e o que não deve fazer; lhe dará sabedoria de forma sobrenatural para vencer cada situação e o capacitará para pensar com clareza e sabedoria. Você terá discernimento que, de outra forma, jamais teria. Jesus foi categórico em seu conhecimento do que era importante, pois passava grande parte do tempo com o Pai. Todo o tempo que passarmos com Deus tornará nossa vida mais eficaz, porque viveremos os resultados da intimidade com Deus. No evangelho de João, lemos que Jesus curou um homem que estava doente há 38 anos. As pessoas ficaram profundamente impressionadas com essa cura, mas os religiosos se iraram e exigiram respostas:

> *E os judeus perseguiam Jesus, porque fazia estas coisas no sábado. Mas ele lhes disse: Meu Pai trabalha até agora, e eu trabalho também. (João 5:16,17)*

O que fazemos deve ser a manifestação do que Deus está fazendo. O texto segue:

> *Por isso, pois, os judeus ainda mais procuravam matá-lo, porque não somente violava o sábado, mas também dizia que Deus era seu próprio Pai, fazendo-se igual a Deus. (João 5:18)*

Em outras palavras, Jesus estava dizendo que Deus era sua fonte pessoal e íntima. Ele explicou àqueles homens como sua intimidade com Deus funcionava:

> *Em verdade, em verdade vos digo que o Filho nada pode fazer de si mesmo, senão somente aquilo que vir fazer o Pai; porque tudo o que este fizer, o Filho também semelhantemente o faz. Porque o Pai ama ao Filho, e lhe mostra tudo o que faz, e maiores obras do que estas lhe mostrará para que vos maravilheis. (João 5:19,20)*

Jesus está nos dizendo: "Primeiro eu vou ao Pai, vejo o que ele tem para mim, e depois eu faço". Esse é o padrão que ele quer que sigamos. Jesus passava horas orando porque tinha um relacionamento genuíno com o Pai, e qualquer relacionamento demanda tempo para ser construído e mantido.

Conseguiremos realizar mais coisas na presença de Deus do que na presença dos homens, fazendo coisas de nosso próprio interesse ou conversando bobagens com os outros o dia inteiro. Nada disso contribui para o nosso futuro. Experimente agora começar a passar mais tempo com Deus.

Aprenda a ouvir a Deus

Quando tiver uma decisão importante a tomar, ore, busque a Deus. Não dê nenhum passo até ter certeza de que ele está te dirigindo e evite tomar decisões precipitadas. Moisés e seu povo só se moviam se a nuvem de glória se movesse primeiro. Não seja guiado por sentimentos, emoções ou falsas profecias. A voz do seu coração não pode falar mais alto que a voz de Deus. Se você está tentando decidir algo importante em sua vida, gaste algum tempo com ele.

Eu havia saído de um relacionamento e estava conhecendo outra pessoa, com 25 anos, querendo casar e formar uma família. Em um momento de total indefinição e dúvidas, pedi para minha vó, que era uma mulher de oração, me aconselhar. Com qual das duas eu deveria ficar? E ela me disse: "Talvez não seja nenhuma das duas. Joelho no chão!". Realmente, minha esposa não era nenhuma das duas moças, mas se faltasse oração, eu poderia ter cometido um erro que custaria muito para mim e para quem se cassasse comigo.

Busque a Deus! Ele vai facilitar o caminho para você e evitar erros que o forcem a fazer as coisas duas vezes. Jesus orou especificamente para que seguíssemos seu exemplo (João 17:21,22). Deus te ama e deseja ter com você a mesma comunhão que ele tinha com Jesus. Sua vida de oração pode levá-lo a uma intimidade tão grande com o Pai que no seu dia a dia você manifestará naturalmente as obras ou os pensamentos de Deus, assim como Jesus fazia. Os opositores de Jesus diziam que ele blasfemava ao chamar Deus de Pai porque era impossível ele estar tão perto assim de Deus, mas a intimidade nos leva a ouvir sua voz. Ele pode falar conosco de forma audível, por sonhos, impressões, pensamentos, em nossos corações e pelo discernimentos.

Mas como saber que é Deus mesmo que está falando?

Quando sua esposa ou esposo liga para você, pela intimidade que vocês têm, você não reconhece a voz dele(a)? Ou será que você precisa perguntar quem é?

Quando você ora, está esperando o quê, que um anjo apareça ou um profeta chegue de um país distante e entregue uma mensagem de Deus em mãos para você?

Quando você ama alguém, uma mensagem não te satisfaz, pois você quer estar perto dele, ser íntimo dessa pessoa. O relacionamento de Jesus com o Pai era tão íntimo que a maioria das pessoas não sabia como ele conseguia falar com tanta sabedoria e fazer milagres tão grandes. Os discípulos, porém, conheciam o segredo de Jesus por causa de seu estilo de vida de oração, e é por isso que eles pediram a ele que os ensinasse a orar.

Há quem procure na filosofia ou no ocultismo as respostas para seus problemas. Outros se voltam para o horóscopo ou para a bruxaria. Outros, ainda, rejeitam o reino espiritual completamente e, agora, enfatizam uma visão materialista. Eles acreditam em si mesmos, mas agora estão quebrados. A distância entre você e Deus é a distância de uma oração.

Fé e vida abundante

*Todas as coisas foram feitas
por ele, e sem ele, nada do
que foi feito se fez.*

João 1:3

A Bíblia é um livro que narra a história de Jesus. Muitos eventos descritos em suas páginas apontam para ele e diversas personagens o tipificam. Alguns livros proféticos sinalizam a sua vinda, mas são os quatro evangelhos que explicitamente nos revelam os detalhes sobre quem ele é. Seus milagres, suas parábolas, suas palavras, seus ensinamentos e seus feitos foram narrados por Mateus, Marcos, Lucas e João.

Cada um desses escritores enfatiza uma face de Jesus: seu lado Rei, seu lado Deus, seu lado homem e seu lado filho. Mas foi João, o apóstolo amado, quem registrou o Jesus cósmico, que transcende conceitos de tempo e espaço, um Jesus criador e eterno.

*No princípio, era o Verbo, e o verbo estava com Deus, e
o Verbo era Deus. Ele estava no princípio com Deus.*

Todas as coisas foram feitas por ele, e sem ele, nada do que foi feito se fez. Nele, estava a vida e a vida era a luz dos homens. (João 1:1-4)

Jesus é a própria vida, a luz, o poder de criação. A vida que ele nos dá é o tipo de vida que não existia antes da sua vinda ao mundo. Ela é plena, abundante, tem significado. A vida está nele e o distanciar-se dele é a morte. Ele é a luz e a sua ausência produz trevas. Nele está a plenitude, e em sua ausência está o vazio interior. Na intenção de descrever seu reino e tornar conhecidos seus propósitos, Jesus usou imagens/ilustrações comuns a seus ouvintes, como vemos em João 10:1-10:

Na verdade, na verdade vos digo que aquele que não entra pela porta no curral das ovelhas, mas sobe por outra parte, é ladrão e salteador. Aquele, porém, que entra pela porta é o pastor das ovelhas. A este o porteiro abre, e as ovelhas ouvem a sua voz, e chama pelo nome às suas ovelhas e as traz para fora. E, quando tira para fora as suas ovelhas, vai adiante delas, e as ovelhas o seguem, porque conhecem a sua voz. Mas, de modo nenhum, seguirão o estranho; antes, fugirão dele, porque não conhecem a voz dos estranhos. Jesus disse-lhes esta parábola, mas eles não entenderam o que era que lhes dizia. Tornou, pois, Jesus a dizer-lhes: Em verdade vos digo que eu sou a porta das ovelhas. Todos quantos vieram antes de mim são ladrões e salteadores, mas as ovelhas não os ouviram. Eu sou a porta; se alguém entrar por mim, salvar-se-á, e entrará, e sairá, e achará pastagens. O ladrão não vem senão a roubar, a matar e a destruir; eu vim para que tenham vida e a tenham com abundância.

Naqueles dias, pastores mantinham seus rebanhos em locais cercados por pedras durante toda a noite, num local conhecido com o curral das ovelhas. Havia somente uma entrada, uma porta, que garantia a proteção dos animais dos ataques de predadores e ladrões. Durante o dia, o pastor as chamava e as levava para pastar.

Jesus é o bom pastor, a porta, a promessa e o Messias. Ele é quem nos leva para o lugar de descanso, de proteção. Jesus é a porta que nos protege das investidas malignas. É quem nos alimenta, nos cuida, nos salva e nos promete: "eu vim para que tenham vida e a tenham com abundância" (João 1:10).

Imagine Jesus contando essa parábola para os homens daquela época. Provavelmente, a expectativa que eles tinham era semelhante à nossa. Quando Deus tira o povo do Egito para levá-los à Terra Prometida, ele estabelece uma aliança que dizia basicamente o seguinte: a obediência trará bênção; a desobediência, maldição. A bênção aqui representa a superabundância agrícola e econômica, segurança, proteção, posteridade garantida e paz. A maldição seria a fome, a pobreza, a invasão estrangeira.

Essa foi a maneira de Deus dizer que a abundância material deve ser construída sobre uma sólida fundação espiritual. Durante um tempo, houve obediência, sucedida por concessões aqui, comprometimentos ali e tolerância ao erro acolá, até que Israel estava pior que suas vizinhas idólatras.

As consequências à desobediência mergulharam o povo hebreu na pobreza, nas dificuldades e em cenas conturbadas, até que Deus levantou o pequeno pastor de ovelhas, Davi, para assumir a liderança da nação. Davi se devotou a Deus e usou sua autoridade para levar o povo a adorar o Senhor. Ele fortaleceu o sacerdócio e deu a Deus a mais alta prioridade. Sua fidelidade trouxe grande poder a Israel, derrotando seus inimigos, prosperando a economia nacional, aumentando as colheitas de trigo e vegetais, multiplicando seu território em até dez vezes o tamanho original em 40 anos.

Israel era conhecida por suas colinas repletas de rebanhos, pomares cheios de figos, tâmaras, romãs, azeitonas. Seus lagares transbordavam, suas fronteiras eram seguras e a diplomacia sábia gerava riquezas. Era um momento de ouro: a nação desfrutando da teara que o Senhor prometera.

Essa sempre foi a ideia de Deus: "Quantas vezes quis eu reunir os teus filhos, como a galinha ajunta os seus pintinhos debaixo das asas!" (Mateus 23:37). Porém, nem Davi conseguiu fugir completamente do mal e de suas armadilhas. Ele colecionou esposas que vinham com seus ídolos/deuses de outras nações pagãs. Depois de algumas gerações, seu alicerce espiritual se desmoronou. O reino foi dividido, atacado pelo Império Assírio, mantendo apenas alguns judeus em Judá. Os profetas o advertiam, clamavam e o povo passava por um período de severo julgamento. Isaías, no entanto, profetizou um futuro glorioso, sob a liderança de um descendente de Davi, como lemos no capítulo 32 de seu livro.

O governo soberano profetizado por Isaías, livre das tiranias, seria o reinado do Messias, do Ungido. Mas, quando Jesus veio, as pessoas cometeram o erro de achar que os dias de glória de Davi seriam recuperados. Acreditavam que o mundo se transformaria num império judaico. Esperavam o mesmo poder do passado, ampliado. Criam que no campo material as coisas iriam melhorar. Eles não entenderam que aquela era a velha aliança. Jesus veio porque Deus tinha em mente uma nova aliança, que é muito mais que poder temporal e riqueza material: é um novo tipo de abundância. Jesus venceu as limitações humanas e rompeu com tudo que prendia o homem a valores efêmeros. Durante 40 dias, ele jejuou no deserto, sendo tentado pelo diabo.

> *E Jesus, cheio do Espírito Santo, voltou do Jordão e foi levado pelo Espírito ao deserto. E quarenta dias foi tentado pelo diabo, e, naqueles dias, não comeu coisa alguma, e, terminados eles, teve fome. E disse-lhe o diabo: Se tu és o Filho de Deus, dize a esta pedra que se transforme em pão. E Jesus lhe respondeu, dizendo: Escrito está que nem só de pão viverá o homem, mas de toda palavra de Deus. E o diabo, levando-o a um alto monte, mostrou-lhe, num momento de tempo, todos os reinos do mundo. E disse-lhe o diabo: Dar-te-ei a ti todo este poder e a sua glória, porque a mim me foi entregue, e dou-o a quem quero. Portanto, se tu me adorares, tudo será teu. E Jesus, respondendo, disse-lhe: Vai-te, Satanás, porque está escrito: Adorarás o Senhor, teu Deus, e só a ele servirás. Levou-o também a Jerusalém, e pô-lo sobre o pináculo do templo, e disse-lhe: Se tu és o Filho de Deus, lança-te daqui abaixo, porque está escrito: Mandará aos seus anjos, acerca de ti, que te guardem e que te sustenham nas mãos, para que nunca tropeces com o teu pé em alguma pedra. E Jesus, respondendo, disse-lhe: Dito está: Não tentarás ao Senhor, teu Deus. E, acabando o diabo toda a tentação, ausentou-se dele por algum tempo. (Lucas 4:1-13)*

Jesus nos ensinou como resistir e vencer o inimigo. Ele permaneceu e se mantém inabalável, nos mostrando que o seu reino não é daqui.

> *Porque tudo que há no mundo, a concupiscência da carne, a concupiscência dos olhos, e a soberba da vida, não procede do Pai, mas procede do mundo. (1João 2:16)*

Segundo os princípios deste mundo, ter vida abundante é ter posses e bens para ostentar e, assim, mostrar aos outros o quanto somos bem-sucedidos. O verbo grego para "tentar" significa "procurar descobrir a natureza ou o caráter de alguém ao submetê-lo a uma prova ampla e extensiva". Foi exatamente isso o que o diabo fez com Jesus no deserto. Ele pretendia submeter Jesus a um desgastante processo de prova. Depois de ter passado 40 dias só bebendo água, ele teve fome:

> *Se tu és o Filho de Deus, dize a esta pedra que se transforme em pão. E Jesus lhe respondeu, dizendo: Escrito está que nem só de pão viverá o homem, mas de toda palavra de Deus. (Lucas 4:3,4)*

Jesus cita palavras de Moisés no deserto, como está em Deuteronômio 8:1-3:

> *Todos os mandamentos que hoje vos ordeno guardareis para os fazer, para que vivais, e vos multipliqueis, e entreis, e possuais a terra que o Senhor jurou a vossos pais. E te lembrarás de todo o caminho pelo qual o Senhor, teu Deus, te guiou no deserto estes quarenta anos, para te humilhar, para te tentar, para saber o que estava no teu coração, se guardarias os seus mandamentos ou não. E te humilhou, e te deixou ter fome, e te sustentou com o maná, que tu não conheceste, nem teus pais o conheceram, para te dar a entender que o homem não viverá só de pão, mas que de tudo o que sai da boca do Senhor viverá o homem.*

O primeiro princípio do reino — "Nem só de pão viverá o homem" — não diz respeito ao pão material, físico. Ele multiplica pão, se for necessário, mas, muito mais do que isso, Jesus nos ensina a respeito do seu reino: "Porque o Reino de Deus não é comida nem bebida, mas justiça, e paz, e alegria no Espírito Santo" (Romanos 14:17).

> *E o diabo, levando-o a um alto monte, mostrou-lhe, num momento de tempo, todos os reinos do mundo. E disse-lhe o diabo: Dar-te-ei a ti todo este poder e a sua glória, porque a mim me foi entregue, e dou-o a quem quero. Portanto, se tu me adorares, tudo será teu. E Jesus, respondendo, disse-lhe: Vai-te, Satanás, porque está escrito: Adorarás o Senhor, teu Deus, e só a ele servirás. (Lucas 4:5-8)*

O diabo queria a glória e a adoração que são devidas ao Senhor. O próprio Jesus reconhece que a glória é do Pai. O reino se expandirá, mas a glória é só do Senhor. Tudo que Deus faz é para o Reino e seu louvor.

> *Se tu és o Filho de Deus, lança-te daqui abaixo, porque está escrito: Mandará aos seus anjos, acerca de ti, que te guardem e que te sustenham nas mãos, para que nunca tropeces com o teu pé em alguma pedra. E Jesus, respondendo, disse-lhe: Dito está: Não tentarás ao Senhor, teu Deus. (Lucas 4:9-12)*

A palavra grega para "tentarás" é o mesmo que exigir que Deus se prove capaz de cumprir suas promessas. O que o Senhor espera de nós é que confiemos nele completamente, sem reservas. Ele pode todas as coisas, a nós resta apenas crer. Lembre-se desta lição: antes de um rei poder governar outras pessoas, deve provar que é capaz de governar a si mesmo. O verdadeiro cristão deve aprender a controlar sua autoconfiança e depositar em Deus a sua fé.

A verdadeira vida abundante

Viver de forma abundante não é ter dinheiro, poder, saúde, posses, glória ou reconhecimento, mas buscar a Deus em primeiro lugar. Todas as outras coisas são consequência da nossa busca sincera, sem interesse e legítima a Deus. Se nossa alma tem sede, devemos saciá-la com a glória de Deus, que traz a presença, a intimidade e a amizade com o Pai.

No evangelho de João, quando Jesus fala em abundância, o termo grego utilizado é *perissos*, que significa estar presente de maneira superabundante, em excesso. Quando, finalmente, temos essa abundância, andamos livre do medo, do pessimismo, da culpa, da ansiedade, da preocupação e da negatividade, que é tudo aquilo que impede as pessoas de aproveitarem a vida, cada dia como um presente de Deus.

Ouse crer, recusando a perspectiva humana. Creia além do visível. Creia sobrenaturalmente. Você não precisa agradar as pessoas. Livre-se da aparência, da cobrança deste mundo. Goze a vida abundante que Jesus tem para você. Abundância não é algo que pedimos, é o que recebemos quando buscamos a Deus em primeiro lugar.

CONCLUSÃO

A fé não é um pensamento ou um estado de espírito, mas um exercício que deve ser constantemente praticado. Paulo deixa isso muito claro quando nos ensina que "a justiça de Deus se revela no evangelho, de fé em fé" (Romanos 1:17). Quando diz "de fé em fé", Paulo está falando sobre um processo, uma prática contínua e uma fé permanente, que deve estar, a cada momento, mais firme e fundamentada.

Por isso, guarde estas palavras com todo carinho, e as pratique, de modo que você possa estar cada dia mais firme em Jesus Cristo, que é o "fundamento dos apóstolos e profetas" (Efésios 2:20). Em Jesus, estão os fundamentos para continuar crendo e perseverando. E aqui está o objetivo deste livro: ensinar a importância de apenas crer, para que você possa fundamentar sua fé nas palavras de Cristo, sendo capacitado para vencer todos os obstáculos que se coloquem em sua caminhada com Deus.

Agindo assim, você cumprirá outro mandamento bíblico: "Desenvolvei a vossa salvação" (Filipenses 2:12). A Bíblia nos ensina que a salvação vem pela graça, por meio da fé (Efésios 2:8). Por isso, viver uma prática contínua de fé significa desenvolver a própria salvação, e estar cada dia mais íntimo do Deus eterno, o único ser do universo que sabe o que é realmente bom, perfeito e agradável para nossas vidas.

Portanto, viva os ensinamentos contidos neste livro como um estilo de vida, como um exercício diário, para que nada possa roubar as sementes de fé que foram plantadas em seu coração.

Que Deus os abençoe hoje e sempre, em nome de Jesus!

Com carinho,

Rinaldo Seixas

Este livro foi impresso em 2021, pela Edigráfica,
para a Thomas Nelson Brasil. O papel do miolo é pólen soft 80 g/m²,
e o da capa, cartão 250 g/m².